博士论文
出版项目

中国对外直接投资对出口增加值的影响研究

The Impact of China's Outward Foreign Direct Investment on Value-added in Export

毛海欧　著

中国社会科学出版社

图书在版编目(CIP)数据

中国对外直接投资对出口增加值的影响研究/毛海欧著.—北京：中国社会科学出版社，2020.8
ISBN 978-7-5203-6463-8

Ⅰ.①中… Ⅱ.①毛… Ⅲ.①对外投资—直接投资—影响—出口贸易—研究—中国 Ⅳ.①F832.6②F752.62

中国版本图书馆 CIP 数据核字(2020)第 077412 号

出 版 人	赵剑英
责任编辑	王 曦
责任校对	孙洪波
责任印制	戴 宽

出　　版	中国社会科学出版社
社　　址	北京鼓楼西大街甲 158 号
邮　　编	100720
网　　址	http://www.csspw.cn
发 行 部	010-84083685
门 市 部	010-84029450
经　　销	新华书店及其他书店

印刷装订	北京君升印刷有限公司
版　　次	2020 年 8 月第 1 版
印　　次	2020 年 8 月第 1 次印刷

开　　本	710×1000 1/16
印　　张	12.5
字　　数	169 千字
定　　价	69.00 元

凡购买中国社会科学出版社图书，如有质量问题请与本社营销中心联系调换
电话：010-84083683
版权所有　侵权必究

出 版 说 明

为进一步加大对哲学社会科学领域青年人才扶持力度,促进优秀青年学者更快更好成长,国家社科基金设立博士论文出版项目,重点资助学术基础扎实、具有创新意识和发展潜力的青年学者。2019年经组织申报、专家评审、社会公示,评选出首批博士论文项目。按照"统一标识、统一封面、统一版式、统一标准"的总体要求,现予出版,以飨读者。

全国哲学社会科学工作办公室

2020年7月

序

自改革开放以来，中国出口经历多年的高速增长，在2009年成为制成品出口总值最高的国家。然而从出口增加值的内涵来看，中国与发达国家存在较大差距，远远没有达到贸易强国的标准，主要表现在以下两个方面。

第一，中国处于分工低端，出口增加值率不高。在全球价值链分工体系下，中国大多承担产品生产的加工制造环节，该环节处于"微笑曲线"中间，增值率较低、技术含量低、依附性强，位于国际分工体系的低端位置。许多研究表明中国的国际分工地位明显落后于发达国家，也低于部分发展中国家，被锁定在低端分工环节。

第二，中国出口品密集使用非技术劳动要素，技术等高端要素投入不够。目前，中国的比较优势仍集中在劳动密集型制造业领域，资本、知识和技术密集型制造业未取得显著比较优势。倪红福（2017）测算了中国出口技术含量，其研究表明，虽然中国出口实现了一定程度的技术升级，但依然远低于美国、日本等发达国家。

总的来看，中国虽然为出口贸易大国，但非出口贸易强国。中国出口品增值率低、技术含量不高，处于国际分工低端，面临大而不强的困境。如何由"总量增长"向"结构转型"、由低增值率产品向高增值率产品转型是现阶段亟待解决的问题。

与此同时，中国对外直接投资（OFDI）实现连续增长，且在2016年我国OFDI首次超过了利用外资，成为全球第三大对外直接投资国。对外直接投资成为中国对外经济合作的重要手段，扮演着获取技术、过剩产能转移、全球价值链布局等重要角色。在此背景下，中国对外直接投资与出口的关系引起了社会各界的广泛关注，OFDI能够扮演出口平台、资源寻求、过剩产能转移、技术获取等多种角色，与母国出口总量变化及结构变化联系紧密。许多经典文献研究了对外直接投资与母国出口规模之间的替代或互补关系，遗憾的是，相关研究还没有深入到出口增加值及其要素含量内涵上。

笔者在梳理文献的过程中，发现以下几个方面有待进一步研究：首先，关于对外直接投资与出口规模的相关研究，理论分析认为水平对外直接投资替代了国内出口，垂直对外直接投资促进了国内出口，但实证分析并没有区分水平和垂直对外直接投资，所以无法考证两种对外直接投资对出口的差异化影响。另外，全球价值链分工体系下，出口增加值是国内生产出口的准确度量，对外直接投资与出口增加值规模的关系尚缺乏研究。其次，关于对外直接投资与出口结构的研究大多停留在出口商品结构上。最终商品形态的出口结构研究存在两点不足：一是在全球价值链分工背景下，一国最终产品的价值并不都在国内产生，还包括进口中间品的价值，因此，简单的产业结构研究和产品结构研究不能代表国内真实的产品和贸易结构。二是出口品的产品结构变化不能完全反映出口转型升级，当产品结构不变而高级要素投入增加时，产业升级依然可能发生。最后，关于对外直接投资与出口技术水平的研究着重从逆向技术溢出机制解释对外直接投资对母国出口技术水平的影响。实际上，对外直接投资改变母国出口技术含量的机制包括产业结构变化、技术水平变化等多个渠道，而现有实证研究缺乏对相应渠道的针对性检验。

针对现实的研究需要和现有研究不足，本书从规模、行业结构、劳动结构、技术含量四个角度研究对外直接投资与出口增加值的关系，不仅深化和拓展了对外直接投资与出口关系的理论研究，还从对外直接投资角度为中国由"贸易大国"转向"贸易强国"提供了思路，具有较强的理论和现实意义。

本书的研究特色在于：第一，将OFDI与出口的关系研究延伸到出口增加值。在全球价值链分工背景下，出口总值不再能代表国内生产的出口，OFDI对出口增加值的影响机制可能与对出口的影响机制不同。因此，研究对外直接投资与出口增加值的关系是具有创新性的。第二，将出口增加值问题的研究扩展到出口增加值的行业结构、劳动结构、技术含量问题上，这是出口总量研究无法做到的，是对出口增加值问题研究的扩展和深化。目前出口增加值相关研究较多关注其规模测算问题，其他内涵尚未得到关注。第三，从实证的角度研究水平和垂直对外直接投资问题。本书基于《境外投资合作企业（机构）名录》，提出相应测算方法，得到行业和国家层面的水平、垂直对外直接投资资本存量，从而实现对水平和垂直对外直接投资的实证研究。第四，从发展中国家的角度分析顺、逆分工梯度对外直接投资对出口增加值劳动结构的影响。现有的理论研究大多从发达国家角度研究顺分工梯度对外直接投资与母国劳动力市场之间的关系，而发展中国家的顺、逆分工梯度对外直接投资并存，缺乏针对发展中国家逆分工梯度对外直接投资的研究。第五，从技术效应、投入产出结构效应和出口规模效应三个机制出发，建立分析框架，并提出出口增加值技术含量及其三元边际测算指标，从理论和实证两方面分析OFDI影响出口增加值技术含量的多元机制。

本书尝试拓展OFDI与出口的关系研究，但仍存在许多局限和不足。一是OFDI与出口关系研究所涉理论众多，目前尚未形成系统、统一的分析框架，作者虽然尝试性地采用文献梳理和逻辑演绎分析OFDI影响出口增加值，然而未能建立具有较强解释力和广泛适用性的数理模型。二是尚未采用微观数据从企业层面探讨二者关系。受企业层面数据所得性和处理难度所限，本书在成稿时未能纳入企业微观层面的研究内容，十分遗憾。以上局限和不足，恳请读者包涵。

毛海欧

2019年12月

摘　　要

中国的出口贸易如何由"总量增长"向"结构优化"转型、由低增值率向高增值率转型、由密集使用低端要素向密集使用高端要素转型是现阶段亟待解决的问题。同时，中国转变为全球第三大对外直接投资国，对外直接投资（OFDI）扮演着获取技术、过剩产能转移、全球价值链布局等重要角色。中国 OFDI 与出口的关系引起了社会各界的广泛关注，经典文献尚未深入到出口增加值及其要素含量内涵上。全球价值链分工体系下，一国出口增加值是指出口总值中的国内贡献部分，是国内产品出口的准确度量，出口增加值内含的劳动和技术概念从要素含量角度揭示了出口的转型升级内涵。因此，本书着重从规模、行业结构、内含劳动结构、技术含量四个角度研究对外直接投资与出口增加值的关系，详细如下：

第一，分析 OFDI 影响出口增加值规模和结构的特定性机制，并运用跨国面板数据进行实证检验。就规模效应而言，中国制造业的水平和垂直 OFDI 均促进了出口增加值提升，但垂直 OFDI 的促进作用大于水平 OFDI。相较对发达国家的 OFDI，对发展中国家的水平 OFDI 较垂直 OFDI 对出口增加值有更加显著、持久的促进作用。就结构效应而言，水平 OFDI 降低了母国出口增加值中资源行业占比，提升了生产性服务业增加值占比。垂直 OFDI 促进了生产性服务业占比提升，表明中国制造业跨国公司以垂直 OFDI 促进了母国"总部服务经济"形成。

第二，拓展 Feenstra 和 Hanson（1995）的理论模型，同时考虑顺逆分工梯度 OFDI，发现存在价值链转移和技术溢出机制，并使用跨国面板数据检验理论假说。研究发现逆分工梯度 OFDI 将高端环节和产业转出，其价值链转移效应降低了出口增加值高技术劳动占比，而逆向技术溢出效应提高了出口高技术劳动占比，促进了母国出口增加值劳动结构优化。而顺分工梯度 OFDI 的低端价值链和产业转移效应提高了母国出口技术劳动占比，有利于母国产业升级，而逆向技术溢出效应导致低技术劳动密集环节竞争优势加强，降低了出口高技术劳动占比，阻碍了母国出口产业升级。

第三，从技术效应、生产结构效应和规模效应三个方面提出分析框架，采用 WIOD 数据测算中国对 84 个国家的出口增加值技术含量及其三元边际，运用系统 GMM 方法实证检验中国 OFDI 对出口增加值技术含量的影响和三种特定机制的存在性。研究发现 OFDI 通过技术效应、结构效应和总量效应三个渠道提高了母国出口增加值技术含量，实证结果表明技术效应最大，总量效应次之，结构效应相对较小。同时，OFDI 对出口增加值技术含量的影响在不同类型的出口品和不同动机的 OFDI 上具有差异。

关键词：对外直接投资；出口增加值；出口增加值行业结构；出口增加值劳动结构；出口增加值技术含量

Abstract

Transforming from "scale growth" to "structural optimization", from low value-added rate process to high value-added rate process, from using low quality factor intensively to using high quality factor intensively are the urgent problems that China's exports need to solve at this stage. When exports go up, China's outward foreign direct investment (OFDI) has also ranked 3rd in the world, while outward foreign direct investment is an important way of cross-national economic cooperation and plays the roles of acquiring technology, transferring industry and distributing production process around the world. Against this background, the relationship between China's OFDI and its exports has drawn wide attention. However, the effects of OFDI on value-added in export is not been thoroughly studied in the existing literatures. Under the division of labor system of global value chain, value-added in exports means that the domestic value contribution in the whole export value, which is the accurate measurement of domestic product export, meanwhile the labor structure and technology embodied in value-added in export can reveal the upgrading of export. This book provides clues of China transforming from "big trading country" to "strong trading country" from OFDI perspective, by studying the relationship of OFDI and value-added in export from the angle of scale, industry structure, labor structure and technology content.

This book analyzes how OFDI affects the scale and industry structure of value-added in exports and finds that the horizontal OFDI and vertical OFDI impact value-added in exports differently. Further, we use the panel data of 19 host countries to test the theoretical hypothesis. Both horizontal and vertical OFDI can significantly promote value-added in exports. The horizontal OFDI flowing to developing countries and the vertical OFDI flowing to developed countries have more lasting effects. By reducing the dependence on resource inputs and improving the contribution of producer services, the horizontal OFDI can enhance the structure of value-added in exports. The vertical OFDI could stimulate the growing of headquarter service in home country and improve the rate of advanced producer services in value-added in exports.

Further, we analysis the impacts of outward foreign direct investment on the labor structure embodied in export by building a theory model based on Feenstra and Hanson (1995). By using China's OFDI and labor structure embodied in export, we found that China's OFDI reduced the skilled-labor ratio embodied in export. Specifically, the global-value-chain transfer effect of OFDI that opposite to specialization gradient reduced the high-skilled labor ratio embodied in export, while its reverse technology spillover effect increased high-skilled labor ratio. Meanwhile the global-value-chain transfer effect of OFDI that along the specialization gradient can improve the skilled-labor ratio embodied in export, but its technology spillover effect may hamper the enhancing of labor structure embodied in export.

Additionally, we analyze the effect of OFDI on technology content embodied in export (TIE) from technology effect, production structure effect and export amount effect by presenting a calculating framework and calculating the technology content of China's export to 84 countries using WIOD data. This book finds that China's OFDI improves TIE through three channels including technology effect, product structure effect and export amount effect, meanwhile the positive effect of OFDI on TIE of intermediate export is prominent. Besides, OFDI with different motivation have different impacts on TIE.

Key words: Outward Foreign Direct Investment; Value-added in export; Sector structure embodied in export; Labor structure embodied in export; Technology embodied in export

目　　录

第一章　绪论……………………………………………………（1）
　　第一节　选题背景及研究意义……………………………（1）
　　第二节　文献回顾与述评…………………………………（6）
　　第三节　研究思路、方法及创新点………………………（13）
　　第四节　研究内容与结构安排……………………………（18）

第二章　相关概念与理论基础……………………………（21）
　　第一节　相关概念界定……………………………………（21）
　　第二节　对外直接投资理论回顾…………………………（24）
　　第三节　国际贸易理论回顾………………………………（28）
　　第四节　对外直接投资影响出口增加值的分析框架……（32）

第三章　中国对外直接投资与出口增加值发展现状……（36）
　　第一节　中国对外直接投资发展现状……………………（36）
　　第二节　中国出口增加值发展现状………………………（48）
　　第三节　小结………………………………………………（60）

**第四章　中国对外直接投资对出口增加值规模及行业
　　　　　结构的影响**………………………………………（63）
　　第一节　问题提出…………………………………………（63）
　　第二节　理论机制…………………………………………（64）

第三节　实证模型设置及数据处理……………………………(69)
　　第四节　实证结果分析…………………………………………(74)
　　第五节　小结……………………………………………………(90)

第五章　中国对外直接投资对出口增加值劳动结构的影响……(92)
　　第一节　问题提出………………………………………………(92)
　　第二节　理论模型………………………………………………(94)
　　第三节　实证模型设置与数据处理……………………………(102)
　　第四节　实证分析………………………………………………(108)
　　第五节　小结……………………………………………………(120)

第六章　中国对外直接投资对出口增加值技术含量的影响……(122)
　　第一节　问题提出………………………………………………(122)
　　第二节　理论机制………………………………………………(124)
　　第三节　实证模型设置及数据处理……………………………(128)
　　第四节　实证结果分析…………………………………………(133)
　　第五节　小结……………………………………………………(147)

第七章　结论、启示与不足………………………………………(148)
　　第一节　主要结论………………………………………………(148)
　　第二节　政策启示………………………………………………(150)
　　第三节　研究不足与展望………………………………………(153)

附　录………………………………………………………………(155)

参考文献……………………………………………………………(160)

索　引………………………………………………………………(176)

Contents

Chapter 1　Introduction ……………………………………… (1)
　Section 1　Researchbackground ……………………………… (1)
　Section 2　Literature review …………………………………… (6)
　Section 3　Research strategy, method and contribution ………… (13)
　Section 4　Research design and structure ……………………… (18)

Chapter 2　Concepts and Theories ……………………………… (21)
　Section 1　Concepts …………………………………………… (21)
　Section 2　Theory review on outward foreign direct
　　　　　　 investment ………………………………………… (24)
　Section 3　Theory review on international trade ……………… (28)
　Section 4　The theory framework on the impacts of outward foreign
　　　　　　 direct investment on value-added in export ………… (32)

**Chapter 3　The development of China's outward foreign direct
　　　　　　 investment and value-added in export** ……………… (36)
　Section 1　The development of China's outward foreign direct
　　　　　　 investment ………………………………………… (36)
　Section 2　The development of China's value-added in export …… (48)
　Section 3　Summary …………………………………………… (60)

Chapter 4 The impact of China's outward foreign direct investment on the scale and industry structure of its value-added in export ……… (63)
    Section 1 Research question ……………………………………… (63)
    Section 2 Theory and mechanisms ……………………………… (64)
    Section 3 Empirical model and data …………………………… (69)
    Section 4 Empirical results ……………………………………… (74)
    Section 5 Summary ………………………………………………… (90)

Chapter 5 The impact of China's outward foreign direct investment on the labor structure embodied in its value-added in export ……………………………… (92)
    Section 1 Research question ……………………………………… (92)
    Section 2 Theory and mechanisms ……………………………… (94)
    Section 3 Empirical model and data …………………………… (102)
    Section 4 Empirical results ……………………………………… (108)
    Section 5 Summary ………………………………………………… (120)

Chapter 6 The impact of China's outward foreign direct investment on the technology embodied in its value-added in export ……………………………………… (122)
    Section 1 Research question ……………………………………… (122)
    Section 2 Theory and mechanisms ……………………………… (124)
    Section 3 Empirical model and data …………………………… (128)
    Section 4 Empirical results ……………………………………… (133)
    Section 5 Summary ………………………………………………… (147)

Chapter 7 Conclusions, implications and shortcomings …… (148)
    Section 1 Conclusions …………………………………………… (148)

Section 2　Policy implications ……………………………… (150)
Section 3　Shortcomings ………………………………… (153)

References ……………………………………………………… (155)

Appendix ……………………………………………………… (160)

Index ………………………………………………………… (176)

第一章
绪 论

第一节 选题背景及研究意义

一 选题背景及问题的提出

自改革开放以来，中国出口经历多年的高速增长，在2009年成为制成品出口总值最高的国家。世界四大出口国的出口总值占世界总出口比重变化趋势如图1-1所示。2006—2015年，中国的出口占比连续10年增长，2009年后，中国保持世界第一出口大国地位。美国的出口占比与德国相近，在2011年超越德国成为第二大出口国，日本保持第四大出口国地位。从出口规模和出口占比来看，中国已经成为出口贸易大国。

在全球价值链分工体系下，产品的增值环节在全球布局，一国出口品总值包括国内增加值和国外增加值两部分。因此，出口总值中的国内增加值部分（简称出口增加值）是该国出口更为准确的度量。而从出口增加值的内涵来看，中国与发达国家存在较大差距，远远没有达到贸易强国的标准，主要表现在以下两个方面：

首先，中国处于分工低端，出口增加值率不高。在全球价值链分工体系下，中国大多承担产品生产的加工制造环节，该环节处于"微笑曲线"中间，增值率较低、技术含量低、依附性强，位于国际

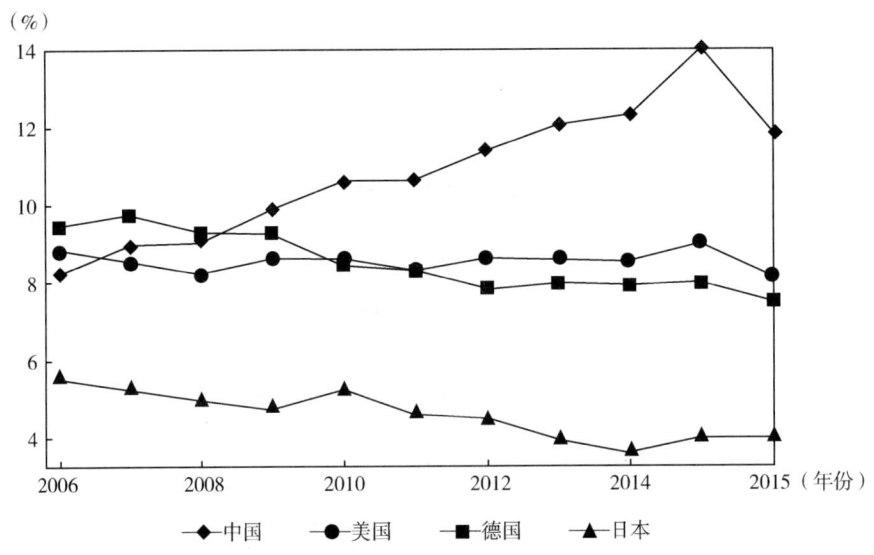

图1-1 世界主要出口国家制成品出口占比

资料来源：世界贸易组织发布的相关年份《世界贸易统计报告》。

分工体系的低端位置。以圆珠笔制造行业为例，中国购买瑞典的生产设备、进口日本的圆珠油墨，在国内从事组装生产环节。这种分工模式下，中国圆珠笔的增值率低，在生产设备和核心投入品上缺乏议价能力。中国的这种国际分工状态受到学者的广泛关注，许多学者（黄先海、杨高举，2010；周升起等，2014；刘海云、毛海欧，2015）采用投入产出方法，提出国际分工地位的测算方法或使用GVC地位指数，研究表明中国的国际分工地位明显落后于发达国家，也低于部分发展中国家，被锁定在低端分工环节。部分学者测算了中国的出口增加值率，张杰等（2013）采用中国微观企业数据，算得出口增加值率在0.5—0.7，魏浩、王聪（2015）采用世界投入产出数据，算得中国出口增加值率在0.6—0.8，与美国、日本等国比较发现，中国的出口增加值率较低。

其次，中国出口品密集使用非技术劳动要素，技术等高端要素投入不够。戴翔（2015）基于贸易附加值测算了中国各制造业的显性比较优势指数，发现中国的比较优势仍集中在劳动密集型制造业领域，资本、知识和技术密集型制造业未取得显著比较优势。笔者采用世界投入产出法测算了中国出口增加值劳动结构[①]，发现中国出口增加值内含技术劳动与非技术劳动比重在 0.05—0.1，不仅远低于美国、德国等发达国家，也低于巴西、印度等发展中国家，表明中国的出口品密集使用低技术劳动，内含劳动结构亟待改善。倪红福（2017）测算了中国出口技术含量，其研究表明，虽然中国出口实现了一定程度的技术升级，但依然远低于美国、日本等发达国家。

总的来看，中国虽然为出口贸易大国，但非出口贸易强国。中国出口品增值率低、技术含量不高，处于国际分工低端，面临大而不强的困境。如何由"总量增长"向"结构转型"、由低增值率产品向高增值率产品转型是现阶段亟待解决的问题。

在出口快速增长的同时，对外直接投资（Outward Foreign Direct Investment，以下简称 OFDI）也成为中国对外经济合作的重要手段。自"走出去"战略大规模实施以来，中国对外直接投资实现连续增长，且在 2016 年我国 OFDI 首次超过了利用外资，成为全球第三大对外直接投资国[②]。近年来，中国 OFDI 呈现出一些新的特征。第一，资源寻求型 OFDI 减少，开始注重品牌提升和价值链升级。近年来，中国的企业越来越注重收购具有技术或品牌的企业，争取获得具有战略意义的分工环节，实现价值链升级。第二，国有企业是对外直接投资主力，但民营企业对外直接投资步伐加快。国有企业对外直接投资为中国的企业走出去奠定了良好的基础，但其海外投资经营行为受到发达国家的限制，如 TPP 协定中的国有企业条款。而民营企业对外投资热情高涨，2018 年民营企业 OFDI 流量占总量的 62.3%，同比增长 11.2%，是 OFDI 不可忽视的力量。第三，垂直 OFDI 远大于水平 OFDI。垂直 OFDI 资本存量大概为水平 OFDI

[①] 具体测算方法见第四章。
[②] 数据来自 UNCTAD。

的4—5倍[①]，这是因为垂直OFDI涉及的初始固定投资相对小于水平OFDI，风险和资金占用都较小，是企业海外经营起步时的首选。垂直OFDI又以商贸服务型居多，降低了企业出口的固定成本和可变成本。

在中国出口贸易亟待转型升级和对外直接投资大规模进行的背景下，对外直接投资和出口的关系问题备受关注。OFDI能够扮演出口平台、资源寻求、过剩产能转移、技术获取等多种角色，与母国出口总量变化及结构变化联系紧密。但是，OFDI是否有利于中国由"贸易大国"转向"贸易强国"呢？什么类型的OFDI更有利于出口增加值行业结构优化、劳动力结构改善和技术含量提升呢？回答这些问题，对从OFDI角度提出贸易升级的政策建议至关重要。

二 研究意义

本书研究对外直接投资对出口增加值的影响，包括出口增加值的总量、行业结构、劳动结构和技术含量四个方面内容。此研究有如下意义：

（一）理论意义

首先，是对OFDI与出口关系这一经典研究领域的深化和拓展。在全球价值链分工背景下，出口总值不能衡量国内生产出口，同时OFDI与国内生产出口的关系可能有新的解释和理论，目前缺乏相关文献探讨该问题。传统理论认为OFDI与国内生产出口之间存在简单的替代或互补关系，但本书认为OFDI影响出口增加值的机制和结果与传统理论有所差别：水平OFDI影响出口增加值的机制与出口总值差别不大，但垂直OFDI的生产全球组织特性使其对出口增加值和出口总值的影响机制存在差别；就出口增加值的行业贡献结构而言，水平OFDI通过跨国产业转移效应、国内要素流动效应改变出口增加值结构，垂直OFDI促进母国"总部经济"发展能够优化出口增加

[①] 由笔者计算得到，具体测算方法参见第四章。

值结构;就出口增加值内含的劳动结构而言,经典理论解释了顺分工梯度 OFDI 对劳动市场的影响,本书加入了针对逆分工梯度 OFDI 的探讨,更符合发展中国家国情;就出口增加值的技术含量而言,本书在传统的逆向技术溢出理论之外,还提出了 OFDI 的投入产出结构效应和出口总量效应,形成了 OFDI 影响出口技术含量的简单分析框架。

其次,本书是对中国出口问题研究的拓展和深化。目前中国出口问题相关研究较为关注出口商品结构、出口产品质量、出口技术复杂度、出口二元边际等问题。然而由于产品由"国家制造"转向"世界制造",基于出口总值建立的测算指标体系存在一定偏误,并不能准确衡量中国制成品的出口竞争力。本书采用世界投入产出法,分解出口的增加值构成,用出口总值中的国内增加值部分衡量国内生产出口,并在此基础上研究出口增加值的行业结构、劳动结构、技术含量等问题,将出口研究从最终产品形态层面深入到要素投入层面。在"世界制造"背景下,产品生产的国内贡献或国内要素投入更能够反映出口的本质内涵,因此,将出口问题研究由最终产出品延伸到要素含量,是对出口问题研究的重要延伸。

最后,本书的研究是对 OFDI 的经济效应研究的有益补充。一方面,OFDI 的经济效应研究大多关注不同动机、不同区域、顺—逆分工梯度 OFDI 对经济发展的影响,而本书在既有的 OFDI 分类基础上,进一步考察水平和垂直 OFDI、顺—逆分工梯度 OFDI 对出口增加值、出口增加值劳动结构的差异影响。另一方面,现有研究大多关注 OFDI 对母国技术、产业发展、出口增长等方面的经济效应,尚未有学者研究出口增加值的行业结构、劳动结构和技术含量这些问题。上述问题能够从出口角度反映母国的产业升级、技术水平提升等经济问题,是对相关研究的有益补充。

(二) 现实意义

一方面,本书的研究对更好地利用 OFDI 服务国内经济转型发展具有现实意义。虽然我国 OFDI 呈现快速增长趋势,但出现跨国经营亏损、企业间恶性竞争、资源整合能力较差等问题。目前中国处于稳增长、调结构的关键时期，企业"走出去"快速增长，"一带一路"等战略深入实施，中国致力于形成高水平的对外开放格局。如何通过 OFDI 实现跨国产能合作、整合全球资源、促进国内产业升级，是具有现实意义的研究课题。本书的出口增加值行业结构、劳动结构和技术含量研究能够反映 OFDI 如何影响母国出口结构及产业结构变化，能够在一定程度上回答如何更好地利用 OFDI 促进母国经济结构调整。

另一方面，本书的研究对优化出口贸易结构、提升出口竞争力具有较强的现实意义。中国的出口仍以劳动密集型产品为主，纵然高新技术产业出口上升较快，但大多专注于组装加工等劳动密集环节，贸易结构、出口技术水平等尚待优化。同时，近年来国内要素价格上升，尤其在劳动要素上表现更为明显，在这种背景下，我国新的比较优势尚未形成而传统比较优势逐渐丧失，如何进一步发挥传统比较优势和形成新的比较优势是中国出口面临的严峻挑战。本书研究 OFDI 对出口增加值及其行业结构、劳动结构和技术含量的影响，揭示了不同类型 OFDI 对出口增加值的影响，从 OFDI 角度给出促进出口贸易转型升级的政策建议。

第二节　文献回顾与述评

一　出口增加值的相关研究

（一）出口增加值的测算

将出口贸易分解为国内增加值和国外增加值两部分可以追溯至 Hummels 等（2001）的研究。Hummels 等（2001）定义垂直专业化为一国出口产品价值中所包含的国外增加值，并测算了 14 个国家的垂直专业化率。Dean 等（2011）和 Koopman 等（2012）认为加工贸易与普通贸易的投入产出结构不同，并提出基于普通贸易和加工贸易两种不同的出口增加值测算方式。Johnson 和 Noguera（2012）从需求的角度提出了增加值出口的定义，将在一国生产创造、最终被他国消化吸收的增加值定义为一国的增加值出口，与本书的出口增加值紧密相关但存在差异。Koopman 等（2014）基于世界投入产出数据库（WIOD），将不同国家纳入统一的测算框架，将一国总产出分解为国内直接和间接增加值、国外直接和间接增加值和重复计算部分，是较为齐全的增加值分解方式。

国内学者也对中国的出口增加值问题开展了大量研究。在理论研究方面，刘遵义等（2007）、夏明和张红霞（2015）、潘文卿等（2015）对出口增加值核算的相关概念、发展脉络进行了系统的研究。一方面，张咏华（2013）、江希和刘似臣（2014）利用 WIOD 中 1995—2011 年的中国投入产出表，估算了中国制造业总体及其细分的 14 个行业向美国的出口增加值，高运胜等（2015）使用世界投入产出数据测算了中国对欧盟的出口增加值，上述研究结果均表明传统贸易统计方法不仅存在"统计假象"，且可能会为贸易政策制定带来误导。樊秀峰和程文先（2015）运用 GAMS 模型改进了传统的 I/O 计算方式，运用中国的投入产出表测算出口国外附加值的变化情况。苏庆义（2016）将国内区域投入产出表与世界投入产出表结合，构建一国区域出口增加值的分解框架，并分解了中国各省出口增加值，研究发现以增加值衡量的各省出口差距明显缩小，且以增加值出口和以总值出口衡量的显性比较优势呈现差异，部分比较优势发生了逆转。另一方面，Upward 等（2013）、张杰等（2013）、郑丹青和于津平（2014）使用中国工业企业微观数据测算了企业层面的出口国内增加值率，企业层面的数据显示出口中国内增加值仅占出口总值 50% 左右。

（二）出口增加值的影响因素研究

另外还有部分国内外学者分析了中国出口增加值的影响因素。宏观研究方面，李文秀、姚洋洋（2015）考虑了要素比例、技术差异对出口增加值影响，并利用中美两国双边贸易数据进行了实证检验，发现高技能劳动、资本要素密集度和生产率差异对中国出口增加值都具有正向的促进作用。姜延书和何思浩（2016）使用结构分解法考察各种结构性因素变化对中国纺织服装业出口贸易增加值变化的影响，发现中国纺织服装业前向国际产业关联变动和中国纺织服装业出口贸易增加值系数变化是中国纺织服装业出口贸易增加值增长的两大抑制力。卫瑞等（2015）运用相同的方法研究发现，外国最终需求的来源地结构变动、中国前向国际产业关联变动和外国最终需求规模变动是影响中国出口增加值变化的原因。

微观研究方面，Upward 等（2013）的研究发现加工贸易企业、外商直接投资企业和沿海地区企业的增加值率远低于其他企业，且加入 WTO 后中国企业的增加值率有所上升。张杰等（2013）运用与 Upward 等（2013）类似的方法对中国工业企业出口增加值率的机制分析发现，FDI 进入是导致加工贸易与外资企业出口增加值率上升的重要因素，这可能反映出中国并未获得真正的贸易利得，且对发展中国家和新兴国家的出口有利于我国出口增加值率的提升。郑丹青和于当平（2014）运用同样的数据和测算方法，对企业出口增加值率的机制分析发现，FDI 流入、研发投入、品牌营销、全要素生产率、出口规模和政府补贴是改变企业出口贸易增加值率的重要影响因素。郑丹青和于津平（2014）着重研究了外资进入对企业出口贸易增加值的影响，发现外资进入显著推动了我国企业出口贸易增加值率的提升，而劳动者报酬增加是外资进入推动企业出口贸易增加值上升的主要原因。

出口增加值的测算方法经历了简单的投入产出分析、考虑加工贸易的投入产出分析和多国投入产出分析几个阶段，随着统计数据更加细致全面、测算方法更加科学，我们可以得到更为准确的出口增加值数据。出口增加值的影响因素分析并不丰富，但能够从以下几个方面取得突破：一是 OFDI 作为母国出口总量及行业结构的重要决定因素，其对出口增加值的影响机制和实际效应还未引起重视，这是一个新的研究视角；二是随着世界投入产出方法和数据完善，全球价值链分工背景下，出口问题研究已经延伸至出口增加值研究，但是出口增加值的要素内涵尚待挖掘和分析。

二　对外直接投资与出口关系的相关研究
（一）OFDI 与出口规模

OFDI 与贸易的关系是国际经济学领域的经典研究课题。早期的 OFDI 与出口的关系研究认为 OFDI 替代了母国出口。Mundell（1957）认为要素和商品的跨国流动是互相替代的关系，在存在国际贸易壁垒的情况下，对外直接投资能够实现对出口的完全替代。Vernon（1966）认为在产品的不同生命周期阶段，生产将在不同的国家进行，OFDI 带来的生产地转移将导致母国从产品出口国转变为进口国。Buckley 和 Casson（1981）的内部化理论认为，如果出口成本大于内部化成本，那么跨国公司将通过对外直接投资内部化其经济活动，从而替代出口。Dunning（1979）的折中理论也支持二者存在替代关系，Horstmann 和 Markusen（1992）、Brainard（1993）、Markusen 和 Venables（1998）的研究都认为跨国公司的对外直接投资和出口经营选择取决于规模经济、交易成本之间的权衡取舍，东道国规模经济越高、跨国运输成本越高时，母公司更加偏好对外直接投资，从而替代出口。

随着国际分工向垂直分工深化，中间品贸易的出现使上述结论出现了变化。Helpman（1984）认为垂直 OFDI 是为了利用跨国要素价格差异，并建立了两种产品、两种生产要素的两国模型，发现一国在具有要素禀赋优势的中间品上具有比较优势，那么，垂直 OFDI 造成出口贸易增长，OFDI 与贸易存在互补关系。Blonigen（2001）也认为如果 OFDI 是在东道国生产最终产品且不从母国进口中间品，则母国对东道国的出口减少；如果生产的最终产品需要从母国进口中间品，则母国对东道国的出口增加。垂直专业化分工理论清楚地阐释了 OFDI 与中间品贸易的互补关系，垂直专业化分工意味着同一产品的不同生产环节在不同区域分布，垂直专业化导致了近 30 年国际贸易大幅增长（Grossman & Helpman，2005；Antras & Helpman，2004；Helpman，2006），合同外包和垂直 OFDI 是跨国公司垂直专业化两种方式，因此垂直 OFDI 与母国出口互补。

大部分的宏观实证研究证实了 OFDI 与出口之间的互补关系。Lipsey 和 Weiss（1981）、Swenson（2004）对美国的实证分析发现 OFDI 存在积极的出口效应。项本武（2009）、谢杰和刘任余（2011）、张春萍（2012）、张纪凤和黄萍（2013）利用我国直接投资和进出口数据实证检验了 OFDI 与进出口的关系，证实互补关系存在。顾雪松等（2016）研究认为母国与东道国的产业结构差异将影响 OFDI 对出口的作用，随着母国与东道国之间产业结构差异的扩大，OFDI 对母国的出口创造效应增强。

微观企业层面研究得出的结论并不一致。Adler 和 Stevens（1974）比较分析了美国跨国公司的对外直接投资和母公司出口额，发现海外子公司的销售替代了母公司的出口。Svensson（1996）认为国外生产对于母国最终产品的出口具有替代效应，对中间品出口有促进作用，但总体效应为替代。OFDI 与出口的互补关系得到更多学者的实证支持，如 Lipsey 和 Weiss（1984）对美国的检验，Lipsey 等（2000）对日本的检验等。国内学者的微观研究同样证实了 OFDI 与出口的互补关系（蒋冠宏、蒋殿春，2014；乔晶、胡兵，2015）。Head 和 Ries（2001）的研究发现，对于垂直一体化类型的企业，其出口与对外直接投资是互补的，而对其他类型的企业来说，二者是替代的。Atalay 等（2014）分析了美国制造业跨国公司的公司内贸易数据，发现海外子公司的垂直股权关系并不完全伴随制造品沿着价值链流动，几乎 50% 的上游子公司没有向下游母公司出口中间制造品，笔者认为垂直股权关系不仅伴随着中间制成品的公司内贸易，还伴随着无形中间品的公司内贸易。

上述文献关注的均是 OFDI 与出口规模的关系，理论分析认为水平 OFDI 替代了国内出口，垂直 OFDI 促进了国内出口，但实证分析并没有区分水平和垂直 OFDI，所以无法考证两种 OFDI 对出口的差异化影响。在垂直专业化分工深入发展的背景下，出口增加值是衡量国内出口更为准确的度量，OFDI 与出口的关系应该深入到 OFDI 与出口增加值的关系。

（二）OFDI 与出口结构

经典理论认为 OFDI 通过改变母国产业结构，进而影响出口贸易结构。Kojima（1978）的边际产业转移理论认为，OFDI 应当首先从本国的边际产业进行，在旧的比较优势丧失的情况下创造新的比较优势，助推母国产业升级，从而改变出口结构。Vernon（1966）的产品生命周期理论指出，美国等发达国家将劳动密集型制造业转移至其他国家，通过 OFDI 将低端产业转出、腾出资源供高端产业发展，促进了母国的资本和技术密集型产业发展，实现产业结构和出口贸易结构转型。国内外学者的实证研究证实 OFDI 改变了母国出口贸易结构。Kazuhiko（1994）研究了日本 20 世纪 80 年代对外直接投资的迅猛增加对于日本贸易结构产生的影响，研究发现 OFDI 对母国出口结构有两方面影响：一是导致更多的设备及原材料的出口；二是国内生产更加集中于高附加值的产品，促进了日本贸易结构的优化升级。隋月红、赵振华（2012）认为 OFDI 通过两种机制改变母国出口贸易结构，一是转移过剩产能或者获得战略资产改变母国产业发展状态，二是促进母国经济发展、提升收入水平，改变出口贸易结构，谓之"本地市场效应"。他们采用高技术产品出口占比衡量出口贸易结构，实证研究发现顺—逆梯度 OFDI 提高了高技术产品出口占比，促进了中国出口贸易结构优化。陈愉瑜（2012）、李夏玲和王志华（2015）使用货物贸易或服务贸易占总贸易比重衡量出口贸易结构，分别采用时间序列数据和省级面板数据实证检验了 OFDI 对出口贸易结构的效应，研究均发现 OFDI 促进了货物贸易占比提升。陈俊聪、黄繁华（2014）认为 OFDI 通过边际产业转移、国际市场扩张、战略资产收购等渠道改变母国出口贸易结构，使用中国对 40 个国家直接投资和出口贸易的面板数据进行实证分析，研究发现 OFDI 显著提升了零部件、机械设备等中间品的出口规模，且逆梯度

OFDI 的出口结构优化效应更加明显。

现有 OFDI 与出口结构的研究大多停留在出口商品结构上。出口商品结构是指按照出口品的最终形态分类，以各类商品在出口总额中所占的比重表示。最终商品形态的出口结构研究存在两点不足：首先，在全球价值链分工背景下，一国最终产品的价值并不都在国内产生，还包括进口中间品的价值，因此，简单的产业结构研究和产品结构研究不能代表国内真实的产业和贸易结构，存在"统计谬误"问题，这个问题在贸易结构研究上更加突出（Johnson & Noguera，2012；Koopman et al.，2014）。其次，产业结构和产品结构变化不能完全反映产业转型升级。产业结构和产品结构研究是基于最终产出品形态和分类的研究，当产业结构或产品结构不发生变化时，产业升级依然可能发生，如人力资本或技术投入密集度上升而产品或产业相对产值不变时。

（三）OFDI 与出口技术水平

OFDI 的母国产业升级效应理论（Kojima，1978）、垂直专业化分工理论（Helpman，1985；Yeaple，2006；Antras & Yeaple，2013）、逆向技术溢出效应理论（Kogut & Chang，1991；Ambos et al.，2006；Rabbiosi，2011）表明 OFDI 能够直接或间接改变母国出口技术水平，但关于 OFDI 与母国出口技术水平的直接研究还相对少见。蔡冬青、周经（2012）认为 OFDI 企业数目和投资数额改变了母国技术水平，进而提升了出口技术水平。陈俊聪和黄繁华（2014）指出 OFDI 通过国际市场需求信息、研发反向技术溢出、提升国际分工地位渠道促进出口技术水平提升。张海波（2014）认为 OFDI 通过获得外部知识溢出提高出口技术水平。陈俊聪（2015）的研究指出，OFDI 通过两个渠道改变了出口技术含量：一是国际技术外溢效应扩大了生产性技术边界，二是国外市场规模扩大将激励母国企业进行技术创新。杨连星、刘晓光（2016）的研究表明 OFDI 通过逆向技术溢出效应提高了母国出口技术复杂度，是制成品出口技术水平提升的加速器，但在劳动密集型行业较为显著，在技术密集型行业不显著。

现有关于 OFDI 与出口技术水平的研究存在两方面问题：首先，缺乏统一的分析框架，学者们的理论机制研究互有差异；其次，注重从技术溢出角度解释 OFDI 对出口技术水平的影响，忽略其他机制，例如产业结构变化引起的出口结构及出口技术水平变化；再次，缺乏针对性的机制检验，例如陈俊聪和黄繁华（2014）提出了三种不同的影响机制，但却未针对这三种机制进行实证检验，无从知晓相应机制的存在性；最后，出口技术复杂度作为出口技术含量的衡量指标存在缺陷。

第三节 研究思路、方法及创新点

一 研究思路

本书不仅研究出口增加值规模提升问题，还重点关注出口贸易的转型升级问题。全球价值链分工背景下，按照产品最终产出形态的结构升级研究存在谬误，那么，本书将研究视角由产品的最终产出形态转向要素含量，从劳动含量结构和技术含量两个角度研究出口贸易转型升级问题。世界投入产出表的完善为出口增加值的相关指标测算提供了可能，OFDI 经典理论为本书的研究奠定了理论基础。本书的研究思路及框架图如图 1-2 所示：

其一，建立理论分析框架。从对外直接投资理论出发，掌握对外直接投资的原因及其对母国的经济效应；通过梳理经典贸易理论，了解出口贸易及出口增加值的基础及决定因素；以贸易基础为中介，将对外直接投资与出口增加值联系起来，形成理论分析框架，探讨 OFDI 改变出口增加值规模、行业结构、劳动结构和技术含量的机制，建立 OFDI 与出口增加值的理论分析框架。就出口增加值规模和行业结构而言，基于全球价值链布局特征将 OFDI 区分为垂直和水平 OFDI，进行两种 OFDI 影响母国出口增加值规模和行业结构的机制

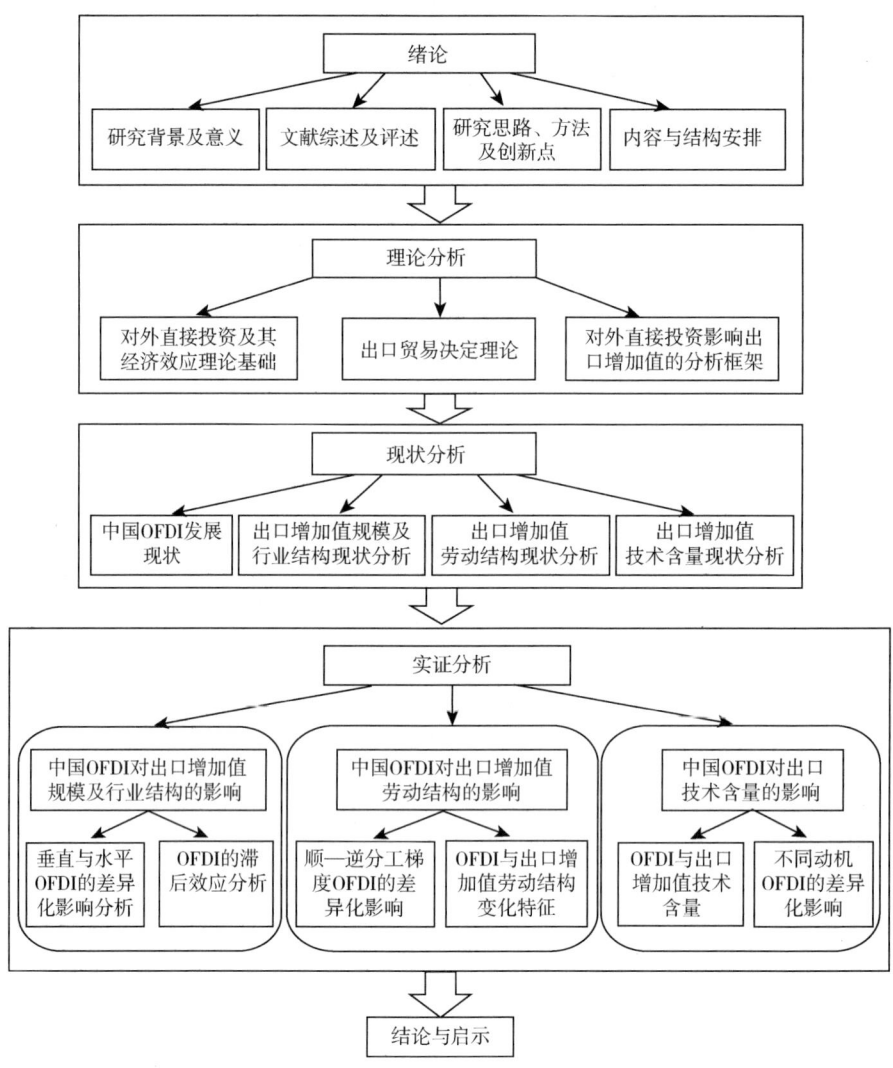

图 1-2　本书的研究思路及框架

分析。就出口增加值劳动结构而言，本书在 Feenstra 等（1997）的理论研究基础上，从发展中国家角度，综合考虑顺—逆分工梯度 OFDI，建立 OFDI 改变母国出口增加值劳动结构的理论分析模型。就出口增加值技术含量而言，本书从其概念内涵出发，从技术效应、投入产出结构效应和出口总量效应三方面建立 OFDI 与出口增加值技术含量关系的分析框架。

其二，分别总结分析中国 OFDI 和出口增加值的发展现状。OFDI 的现状分析包括以下三方面内容：OFDI 的时间变化趋势分析、跨国比较分析、行业构成分析、国别构成分析、国内区域构成分析、投资主体分析和投资方式分析。出口增加值现状分析包括：出口增加值总量变化趋势分析，出口增加值行业结构特征及与发达国家的比较分析，出口增加值劳动结构特征及与典型国家的比较分析，出口增加值技术含量及其三元边际变化特征分析。通过上述现状分析，一方面揭示 OFDI 与出口增加值的总体特征和相关联系，另一方面通过与典型国家的比较分析反映中国与其他贸易强国的差距，揭示中国出口面临的问题。

其三，进行实证分析以检验理论机制或假说。本书研究的是中国 OFDI 对出口增加值的影响，实证分析包括以下几个内容：一是在探讨垂直和水平 OFDI 改变母国出口增加值规模和行业结构机制的基础上，提出垂直和水平 OFDI 的测算方式，利用跨国面板数据，实证检验垂直和水平 OFDI 资本存量对出口增加值规模和行业结构的影响，并进一步研究了 OFDI 的时间滞后效应。二是基于 OFDI 与出口增加值劳动结构的理论分析模型，区分顺—逆分工梯度 OFDI，用出口增加值高技术劳动占比作为劳动结构的替代指标，采用跨国面板数据检验理论模型提出的待检验假说，并识别价值链升级机制和逆向技术溢出机制的存在性。三是提出 OFDI 改变母国出口增加值技术含量的简单分析框架，为验证技术效应、投入产出结构效应和出口总量效应的存在性，本书提出出口增加值技术含量的集约边际、结构边际和总量边际，采用跨国面板数据检验 OFDI 对出口增加值技术含量的效应及相应影响机制的存在性，进一步的，本书分别检验了不同动机 OFDI 对出口增加值技术含量的差异化影响，比较分析了OFDI 对中间品、资本品出口增加值技术含量的不同影响。

其四，总结上述理论研究和实证分析的基本结论，在此基础上，针对中国 OFDI 和出口存在的问题，从 OFDI 角度提出优化出口增加值结构、提升中国出口竞争力的政策建议。

二 研究方法

在研究过程中，本书遵从标准化的经济学研究范式，将理论研究和实证分析相结合，综合运用文献研究法、归纳演绎法、局部均衡分析法、比较分析法等。具体说明如下。

（一）文献研究法

梳理现有 OFDI 经典理论、贸易经典理论、OFDI 与出口相关研究、OFDI 与母国产业结构相关研究、OFDI 与母国技术相关研究的文献，掌握 OFDI 与母国出口增加值的基本联系。同时，梳理出口增加值的有关研究，一方面掌握研究的前沿进展，另一方面把握当前研究存在的问题。通过文献研究方法，确定后续的理论分析框架。

（二）归纳演绎法

OFDI 与出口增加值规模、行业结构和技术含量的关系研究较难建立数理分析模型，本书基于现有理论和研究基础，通过归纳演绎方法，建立 OFDI 及不同类型 OFDI 影响出口增加值规模、行业结构和技术含量的分析框架，以研究其中的影响机制。

（三）局部均衡分析法

在研究 OFDI 与出口增加值劳动结构的关系时，本书在经典理论分析模型基础上，建立局部均衡模型，分析顺—逆分工梯度 OFDI 的价值链升级效应和技术溢出效应对出口增加值劳动结构的影响。

（四）投入产出分析法

出口增加值规模及其行业结构、劳动结构和技术含量指标均不能直接得到，本书基于世界投入产出数据，采用投入产出分析方法，测算相应指标值，得到本书研究对象的基本统计数据。

（五）统计和计量分析法

首先，目前缺乏水平和垂直 OFDI 的直接衡量指标，因此本书构建出水平和垂直 OFDI 资本存量的测算指标，这是统计分析的基础。

其次，根据测算得到的出口增加值相关数据，采用趋势分析、描画分布图形等统计方法分析出口增加值的相关特征。最后，采用跨国面板数据，建立合适的计量检验模型，采用随机效应模型、固定效应模型、IV-GMM 方法、系统 GMM 方法对理论假说进行检验。

（六）比较分析法

比较分析思想在文章多处均有体现。首先，在现状分析部分，重点比较了中国出口增加值行业结构、劳动结构、技术含量与其他典型国家的差异，反映中国与贸易强国或其他发展中国家的差距，揭示中国出口存在的问题。其次，在理论和实证分析部分，比较分析了水平、垂直 OFDI 和顺—逆分工梯度 OFDI 的差异化影响，同时，还比较了不同动机 OFDI 对出口增加值技术含量及其三元边际的不同影响。

三 研究创新之处

本书研究了 OFDI 对出口增加值规模及其行业结构、劳动结构和技术含量的影响，从以下几个方面对现有研究进行了拓展和补充：

第一，本书将 OFDI 与出口的关系研究延伸到出口增加值。在全球价值链分工背景下，出口总值不再能代表国内生产的出口，OFDI 对出口增加值的影响机制可能与出口并不相同。因此，研究 OFDI 与出口增加值的关系是具有创新性的。

第二，将出口增加值问题的研究扩展到出口增加值行业结构、劳动结构、技术含量问题上，是对该问题研究的扩展和深化。目前出口增加值相关研究较多关注其规模测算问题，内含要素及相应结构尚未得到相应关注。

第三，从实证的角度研究水平和垂直 OFDI 问题。由于官方统计数据未汇报垂直和水平 OFDI 存量，因此关于水平和垂直 OFDI 的相关研究比较缺乏。本书基于境外投资合作企业（机构）名录的微观数据，提出相应的测算方法，得到行业和国家层面的水平、垂直 OFDI 资本存量，从而实现对水平和垂直 OFDI 的实证研究。

第四，从发展中国家的角度研究了顺—逆分工梯度OFDI对出口增加值劳动结构的影响。现有的理论研究大多从发达国家角度研究顺分工梯度OFDI与母国劳动力市场之间的关系，而以发展中国家为研究对象的相关理论还比较缺乏。实际上，发展中国家的顺—逆分工梯度OFDI并存，缺乏针对发展中国家的逆分工梯度OFDI分析。

第五，现有OFDI与出口技术水平的研究大多从逆向技术溢出机制解释和验证，本书从技术效应、投入产出结构效应和出口规模效应三个机制出发，建立分析框架，并提出出口增加值技术含量及其三元边际测算指标，从理论和实证两方面分析OFDI影响出口增加值技术含量的多元机制。

第四节 研究内容与结构安排

本书余下的研究内容安排如下：

第二章是相关概念与理论基础。首先，对相关概念进行界定。其次，梳理了对外直接投资决定理论和母国经济效应理论。对外直接投资决定理论包括垄断优势论、产品生命周期论、边际产业转移理论等，对外直接投资的母国经济效应理论包括OFDI的产业转移效应理论、逆向技术溢出理论、劳动要素效应理论。再次，梳理了国际贸易经典理论。出口增加值的基础理论仍然是国际贸易理论，从产业间贸易理论、产业内贸易理论和产品内贸易理论梳理了出口贸易基础及贸易结构的决定。产业间贸易理论包括古典贸易理论、新古典贸易理论，产业内贸易理论包括规模经济贸易理论、新要素贸易理论和新新贸易理论，产品内贸易理论包括传统贸易理论的拓展理论和跨国公司全球生产组织理论。最后，通过梳理对外直接投资决定理论和母国经济效应理论，揭示OFDI与母国贸易基础的关系，建立OFDI与母国出口增加值规模及要素含量的理论联系，建立本章的理论分析框架。

第三章是中国对外直接投资与出口增加值发展现状。OFDI 的现状分析包括以下几方面内容：时间变化趋势分析、跨国比较分析、行业构成分析、流入地区分析、国内区域构成分析、投资主体分析和投资方式分析。出口增加值现状分析包括：总量变化趋势分析，出口增加值行业结构特征及与发达国家的比较分析，出口增加值劳动结构特征及与典型国家的比较分析，出口增加值技术含量及其三元边际变化特征及与典型国家的比较分析。通过上述现状分析，一方面揭示 OFDI 与出口增加值的总体特征，另一方面通过与典型国家的比较分析反映中国与其他贸易强国的差距，揭示中国 OFDI 和出口面临的问题。

第四章中国对外直接投资对出口增加值规模及其行业结构的影响。本章深入分析了 OFDI 影响出口增加值规模和结构的特定性机制，认为水平 OFDI 和垂直 OFDI 对出口增加值有差异化的影响。提出水平和垂直 OFDI 资本存量测算方法，运用跨国面板数据进行实证分析，采用 IV-GMM 分析方法，分析两种 OFDI 对出口增加值规模和行业结构的影响，并进一步分析了 OFDI 的时间滞后效应。

第五章中国对外直接投资对出口增加值劳动结构的影响。文章拓展了 Feenstra 和 Hanson 的理论模型，同时考虑顺—逆分工梯度 OFDI，从出口增加值劳动结构视角，研究了发展中国家 OFDI 对母国产业升级的影响机制，发现存在价值链转移效应和技术溢出效应。利用 2003 年到 2009 年 WIOD 数据测算中国对 64 个国家的出口增加值劳动结构，采用跨国面板数据检验 OFDI 对出口增加值劳动结构的效应及全球价值链转移效应和逆向技术溢出效应大小。

第六章中国对外直接投资对出口增加值技术含量的影响。文章从技术效应、生产结构效应和总量效应三个方面提出简单的分析框架，采用 WIOD 数据测算出中国对 84 个国家的出口国内技术含量及其三元边际，采用系统 GMM 方法实证检验中国 OFDI 对出口增加值技术含量的影响和三种特定机制的存在性。进一步的，文章还研究了不同动机 OFDI 的差异化效应，以及 OFDI 对中间品和资本品出口增加值技术含量的不同影响。

  第七章是本书的结论、启示与不足。结合对外直接投资与出口增加值规模及其行业结构、劳动结构、技术含量的研究结论，从垂直—水平 OFDI、顺—逆分工梯度 OFDI 和不同动机 OFDI 角度，提出促进出口增加值规模增长、结构转型和技术含量提升的政策建议。针对本书的研究局限，展望未来的研究可能。

第二章

相关概念与理论基础

出口增加值是出口贸易在垂直专业化分工背景下的概念延伸，特指出口中的国内增加值部分，其基本理论和决定因素还是国际贸易理论和国际贸易决定因素。产品内分工和贸易发生时，出口增加值与出口之间的差异开始产生。本章首先定义出口增加值和对外直接投资的含义。其次，从对外直接投资理论出发，掌握对外直接投资的原因及其对母国的经济效应。再次，通过梳理经典贸易理论，了解出口贸易及出口增加值的基础及决定因素。最后，以贸易基础为中介，将对外直接投资与出口增加值联系起来，形成理论分析框架。

第一节 相关概念界定

一 出口增加值

在制造行业，随着"无国界生产体系"（UNCTAD，2013）逐步形成，产品制造由"国家制造"变为"世界制造"，产品总价值包括国内增加值和国外增加值两部分，出口增加值是指出口产品总值中的国内增加值部分。出口增加值与增加值出口是不同的概念，增加值出口是从最终需求角度定义，特指一国创造的、被另一国消费的增加值，包括直接出口和从第三国间接出口的国内增加值部分。

Feenstra 等（1999）在研究中指出，在垂直一体化分工的新的世界贸易格局下，对中国出口至美国的加工贸易产品的错误统计，夸大了中美贸易顺差。Johnson 和 Noguera（2012）测算出 94 个经济体的增加值贸易额，指出基于增加值的双边贸易失衡与直接统计的双边贸易失衡有很大的差别。国内学者如张海燕（2013）、张咏华（2013）、王岚（2014）、周升起等（2014）也采用世界投入产出表计算出中国的出口增加值，一致指出现行贸易统计体系下中国出口规模"虚高"，因此在规模上区分出口总值和出口增加值非常必要。

运用投入产出方法可以将出口总值分解为国外增加值和国内增加值，那么出口的国内增加值部分就为出口增加值。进一步的，分不同行业将出口增加值分解，得到各行业的价值贡献额，例如出口增加值为 100 时，可以分解出资源行业贡献为 20，制造业贡献为 50，服务行业贡献为 20，其他行业贡献为 10，进而识别出口增加值的行业构成结构。具体而言，出口增加值行业结构是指出口增加值中各类行业对出口增加值的贡献占比。这种分解为深入考察出口增加值的行业结构变化提供了可能，这是出口总值研究无法做到的。从投入的角度来说，资源行业、制造业和生产性服务业产品是制造业生产最主要的投入品。资源包括可再生资源和不可再生资源，是制造业生产必需的投入要素；生产性服务业融入制造业发展意味着将大量的人力资本和知识资本引入到产品生产过程中，是制造业竞争力提升和产业升级的关键。

出口增加值劳动结构是指出口内含的国内技术劳动与非技术劳动之比，反映了出口产品内含的人力资本密集程度。借鉴经典国际贸易理论 HOV 模型的思想，Vanek（1968）认为商品流动的本质是其内含生产要素的流动，出口贸易的要素特征更清晰更本质地反映了比较优势所在。知识是推动经济发展、产业发展的关键生产要素，知识要素在生产投入中的重要载体是人力资本。技术劳动与非技术劳动的区别在人力资本水平不同，劳动要素投入结构转变意味着人力资本和知识要素投入发生变化。人力资本投入相对增加意味着产业转型升级（代谦、别朝霞，2006），那么出口增加值劳动结构优化更意味着出口产业转型升级发生。因此，本书借鉴 Trefler 和 Zhu（2010）、Stehrer 等（2010）提出的基于 WIOD 数据测算出口内含要素方法，进一步构建出口增加值劳动结构指标，用内含的劳动结构变化识别出口产业结构的转型升级状态。

出口增加值技术含量是指出口品中的完全国内技术含量，用于衡量出口技术水平。传统衡量出口技术水平的指标包括出口技术复杂度、高技术行业出口占比等，但上述指标存在一个共同的问题：全球价值链分工体系下，产品生产普遍从国外进口中间品，出口技术含量并不都来自某一国，一国出口品包含的全部技术含量为国外中间投入技术贡献和本国技术贡献之和，基于出口总值的出口技术衡量指标存在"统计谬误"。倪红福（2017）利用世界（国际）投入产出模型测度出口产品的技术含量，提出出口国内技术含量是指产品的完全国内技术含量，即从产品全部技术含量中扣除了从国外进口的技术含量，这种扣除既包括直接的也包括间接的国外中间投入品的技术含量。本书采取倪红福（2017）的定义及测算方式，更加准确地测度出口技术水平。

二 对外直接投资

国际组织和学者对对外直接投资的界定具有差异，但均强调对海外分支机构的控制权。国际货币基金组织（International Monetary Fund，简称 IMF）、经济合作与发展组织（Organization for Economic Co-operation and Development，简称 OECD）和联合国贸易与发展委员会（UNCTAD，2003）将对外直接投资定义为：某一经济体系中的常驻实体被另一个经济体系的常驻企业控制的投资，这反映投资者在国外实体的一种长期关系和持续收益。《中国对外直接投资统计公报》界定对外直接投资为国内投资者以现金、实物、无形资产等方式在国外设立、购买国境外企业，拥有该企业 10% 或以上的股权，并以控制企业的经营管理为核心的经济活动。

本书采用《中国对外直接投资统计公报》的定义，以下简称对外直接投资（Outward Foreign Direct Investment）为OFDI，并进一步将OFDI分为水平和垂直两种类型，Antras和Yeaple（2013）将水平OFDI定义为母国将最终产品的所有价值链环节都布局到东道国的投资，垂直OFDI定义为母国将产品的部分价值链环节布局到东道国的投资。Helpman（2006）认为水平OFDI和垂直OFDI的区别在于其服务市场的不同，水平OFDI服务于东道国市场，而垂直OFDI在东道国生产却服务于东道国之外的市场。本书认为在全球价值链分工背景下，采用Antras和Yeaple（2013）的定义更为合适。在研究OFDI与出口增加值劳动结构时，将OFDI区分为顺、逆分工梯度OFDI，分工高端国流向分工低端国的OFDI为顺分工梯度OFDI，分工低端国流向分工高端国的OFDI为逆分工梯度OFDI。顺—逆分工梯度OFDI与隋月红和赵振华（2012）、刘海云和聂飞（2015）、吴先明和黄春桃（2016）提出的顺—逆梯度OFDI不同，他们基于发展水平，将中国对发达国家的OFDI定义为逆梯度OFDI，对发展中国家的OFDI定义为顺梯度OFDI，顺、逆的概念是针对发展水平高低而言的，但在全球价值链垂直分工体系下，顺—逆分工梯度OFDI对出口增加值劳动结构的影响有本质不同。

第二节　对外直接投资理论回顾

一　对外直接投资的决定因素理论

对外直接投资决定理论大多揭示了OFDI与出口规模之间的关系。早期的经典对外直接投资理论，如垄断优势论、产品生命周期理论、内部化理论和国际生产折中理论均认为OFDI与出口总量之间存在互相替代的关系。边际产业转移理论的内涵更为丰富，一方面，OFDI与边际产业出口之间存在替代关系；另一方面，边际产业OFDI能够促进非边际产业出口。而垂直专业化背景下的对外直接投资理论认为垂直 OFDI 与母国出口之间存在互补关系。

(一) 垄断优势论

Hymer (1960) 的垄断优势论指出，市场的非完全性和企业的垄断优势是企业对外直接投资的决定因素。当市场不完全时，国际贸易成本上升、所获收益下降，同时，企业的垄断优势使其能够与东道国企业竞争，此时将选择对外直接投资来参与国际市场。Kindleberger (1969) 进一步将市场不完全细分为产品市场不完全性、要素市场不完全性和贸易壁垒。Caves (1971) 指出了跨国公司垄断优势的来源：资本、技术和差异化产品等。在垄断优势论的基础上，Wells (1983) 和 Lall (1983) 分别建立了小规模技术理论和技术地方化理论解释发展中国家企业的对外直接投资行为。小规模技术理论认为发展中国家在某些小规模市场产品上具有优势，技术地方化理论认为发展中国家的企业能够通过改进引进的技术，培育竞争优势。总的来说，垄断优势论认为对外直接投资和出口贸易是企业参与国际市场的两种手段，贸易壁垒上升时，企业将选择对外直接投资，反映了 OFDI 与出口规模之间的替代关系。

(二) 产品生命周期理论

Vernon (1966) 认为产品生命周期可被划分为 3 个阶段：产品创新期、产品成熟期和产品标准化期。在产品创新期，发达国家创新出新产品，并部分出口至其他发达国家；在产品成熟期，产品生产成本下降，企业为降低生产和物流成本，开始在国外投资设厂；在产品标准化期，企业间的竞争主要为价格竞争。在产品创新期，发达国家不会对外直接投资，并存在少量出口；在产品成熟期，企业开始大规模出口，并尝试在海外投资设厂；在产品标准化期，生产大规模向要素成本较低的国家转移，发达国家大量进口该类产品。随着产品生产地转移，母国由产品出口国转变为进口国，OFDI 与出口规模之间为替代关系。

(三) 内部化理论

Buckley 和 Casson (1976) 的内部化理论认为，市场失灵和某些垄断势力会造成中间品交易成本的上升，导致中间品的市场非完全性出现，在技术和知识相对密集的中间品上表现尤为明显。此时，依靠市场交易渠道无法实现企业利润最大化，企业更倾向于采用OFDI，将中间品市场内部化。内部化理论意味着，中间品贸易成本较高时，企业通过对外直接投资将外部市场内部化，用东道国生产替代中间品出口。

（四）国际生产折中理论

Dunning（1977）认为，企业的对外直接投资行为由所有权优势、区位优势和内部化优势共同决定，简称OLI范式。所有权优势是指企业具备其他企业无法获得的竞争优势；区位优势是指投资地在生产或销售上具有优势，包括基础设施、运输成本、制度环境等；内部化优势是指外部市场不完全使得内部化经营具有优势。企业基于是否拥有所有权优势、区位优势和内部化优势，在技术转让、出口和对外直接投资三种国际经营方式上做出选择，可见在国际生产折中理论框架下，对外直接投资与出口是互相替代的两种经营方式。

（五）边际产业转移理论

Kojima（1978）基于日本的对外直接投资特色提出边际产业转移理论，指出对外直接投资应当首先发生于投资国的边际产业。所谓的边际产业有三种内涵：一种是因比较优势丧失而演变为边际产业，一种是指中小企业因要素成本上升演变为边际企业，一种是指因增值能力下降而演变为边际生产环节。随着边际产业转出，生产资源流向非边际产业，非边际产业的竞争力提升。那么，在边际产业内部，OFDI与出口规模是替代关系，而在边际产业与非边际产业之间，边际产业OFDI使得国内资源流向非边际产业，促进了非边际产业出口。

（六）垂直专业化分工背景下的对外直接投资理论

Helpman（1984）认为垂直OFDI是为了利用跨国要素价格差异，并建立了两种产品、两种生产要素的两国模型，发现一国在具有要素禀赋优势的中间品上具有比较优势，那么，垂直 OFDI 造成出口贸易增长，OFDI 与贸易存在互补关系。Blonigen（2001）也认为如果 OFDI 是在东道国生产最终产品且不从母国进口中间品，则母国对东道国的出口减少，如果生产的最终产品需要从母国进口中间品，则母国对东道国的出口增加。垂直专业化分工理论清楚地阐释了 OFDI 与中间品贸易的互补关系，垂直专业化分工意味着同一产品的不同生产环节在不同区域分布，因此垂直类型的 OFDI 与母国出口互补。

二 对外直接投资的母国经济效应理论

OFDI 的母国产业发展效应理论、逆向技术溢出效应理论、劳动效应理论揭示了 OFDI 与母国产业发展、技术水平和劳动力市场之间的关系。产业发展、技术水平和劳动禀赋是一国参与国际贸易的基础，对外直接投资的母国经济效应理论揭示了 OFDI 与出口规模和结构的关系。

（一）OFDI 的母国产业发展效应理论

日本经济学家赤松要（Akamatsu，1935）研究了日本的产业发展特征，发现产业发展经历了进口→当地生产→开拓出口→出口增长四个阶段并呈周期循环。将该现象拓展到国际产业转移上，发达国家曾经具有比较优势的产业或产品，由于比较效益的变化，将逐渐丧失优势，向不发达国家转移，而这些产业或产品在不发达国家可以逐渐形成为比较优势，并将产品反出口到原来的发达国家。Kojima（1978）的边际产业转移理论强调国际产业转移由投资国比较优势丧失的边际产业开始向其他具有比较优势的国家转移。与赤松要的"雁形产业发展形态说"类似，边际产业由投资国转向东道国之后，边际产业出口国也由投资国转为东道国。"雁形产业发展形态说"和"边际产业转移理论"都认为，国际产业转移将国内产业转出，腾出空间发展新兴产业，母国产业结构和比较优势随之发生变化。

（二）OFDI 的逆向技术溢出理论

该理论认为，投资国利用 OFDI 绕过跨国公司技术封锁，充分接触东道国技术、利用其 R&D 资源，获得东道国的技术外溢。Kogut 和 Chang（1991）、Yamawaki（1993）研究了日本企业对美国的对外直接投资行为，发现日本企业在美国投资主要集中在美国 R&D 密集度高于日本的行业，倾向于通过 OFDI 获取先进技术。Neven 和 Siotis（1993，1996）研究了美国和日本企业对欧盟国家的 OFDI，发现主要流向技术密集型产业，具有明显的技术寻求特征。OFDI 与母国技术水平的密切联系意味着 OFDI 能够通过提高母国技术水平推动其产业发展和出口转型。

（三）OFDI 的劳动效应理论

以 Feenstra 和 Hanson（1995）为代表的垂直专业化理论认为，OFDI 将影响母国和东道国的相对要素需求和相对价格。传统的分工理论认为，国际产品内分工发生后，发达国家把低技术工序转移到发展中国家，降低母国对非熟练劳动力的需求，增加东道国对非熟练劳动力的需求。但 Feenstra 和 Hanson（1995）对此提出了不同的观点，并最早建立理论分析模型，指出 OFDI 会同时提高两国的技术密集度，从而增加两国对熟练劳动力的相对需求，并最终扩大国内技术劳动与非技术劳动的工薪差距。Feenstra 和 Hanson（1996，1999，2003）的系列实证检验也支持了上述理论观点。劳动要素需求和回报变化将改变技术劳动与非技术劳动的长期供给，即劳动禀赋特征也因此改变，从而 OFDI 改变了出口贸易的要素基础。

第三节　国际贸易理论回顾

经典的产业间贸易理论、产业内贸易理论和产品内贸易理论分别从要素禀赋、规模经济、产业组织等角度解释了国际贸易产生的原因。

一 产业间贸易理论

古典和新古典贸易理论解释了产业间贸易的基础、模式和所得。斯密[①]的绝对优势理论认为，各国间的劳动生产率差异决定了分工与贸易，生产技术是国家间贸易产生的基础。大卫·李嘉图[②]的比较优势理论指出，一国可以专门生产和出口其绝对劣势相对较小的商品（具有比较优势的商品），技术差异是各国同一商品存在价格差别的基本原因。古典贸易理论均认为，生产技术差异是国家间分工和贸易的基础，决定了一国出口贸易的规模和结构。

新古典贸易理论进一步解释了比较优势产生的原因，该理论认为各国间的要素禀赋差异是国际贸易产生的基础，决定了贸易规模和结构。H-O理论是新古典贸易理论的代表，该理论认为，要素禀赋差异使得要素价格、生产成本和商品价格不同，进而导致贸易发生。萨缪尔森在H-O理论基础上提出要素价格均等化定理，认为国际贸易是生产要素跨国流动的替代品，贸易会使各国同质要素获得相同的相对和绝对收入。总的来说，新古典贸易理论及其拓展研究认为要素禀赋是出口贸易的基础，最为重要的是，新古典贸易理论指出产品贸易的本质是生产要素的跨国流动，那么，出口贸易的要素含量特征从本质上揭示了出口贸易结构特征。

二 产业内贸易理论

古典和新古典贸易理论无法解释里昂惕夫之谜，同时，产业内贸易不断扩大，由此出现了以规模经济理论为代表的新贸易理论。

Krugman（1981）的规模经济理论假设市场不完全竞争、规模报酬递增、企业生产差异性产品，在这种假设前提下，一国仅在专业

[①] 亚当·斯密：《国民财富的性质和原因的研究》（中译本），商务印书馆1972年版。

[②] 大卫·李嘉图：《政治经济学及赋税原理》，商务印书馆1972年版。

化分工生产某些产品上具有优势，进口其他产品，解释了产业内贸易现象。当企业在产品生产上具有规模优势时，其生产成本将进一步下降，竞争优势被强化，相应产品出口增加。而动态规模经济理论认为厂商能够在生产过程中获得经验，积累知识，从而造成平均成本下降，形成价格优势，扩大贸易规模。规模经济理论意味着，经济规模是国际贸易的基础之一，生产规模变化也会改变出口贸易规模和结构。

技术差距理论（Posner，1961）认为国家间技术差距是产业内贸易发生的原因。以美国为例，它作为科技最发达的国家，出口大量高科技产品。但是，当国外生产者获得新技术后，就能凭借较低的劳动力成本占领出口市场。同时，美国会获得更新的产品和生产工序，由于新的技术差距，仍能向国外出口这些新产品。Vernon（1966）在技术差距理论基础上提出了产品生命周期模型，当产品由新产品阶段转向标准化阶段后，产品的比较优势从高素质劳动密集的发达国家转向劳动力相对廉价的发展中国家，贸易模式和贸易结构发生转变。

新新贸易理论在垄断竞争市场结构和差异化产品假设基础上，从企业角度解释了国际贸易产生的原因，本质上依然是产业间贸易。新新贸易理论以 Melitz（2003）建立的企业异质性贸易模型为代表。Melitz（2003）以 Hopenhayn（1992）的动态产业模型为基础，扩展了 Krugman（1981）的垄断竞争模型，加入企业生产率异质性假设，认为企业的出口行为取决于企业的生产率水平，具有较高生产率的企业将选择出口经营。新新贸易理论反映了生产率是企业选择出口的原因，决定了贸易模式，相应的，企业生产率变化将改变出口贸易的规模和结构。

三 产品内贸易理论

产品内贸易是指，产品的生产过程被拆分为若干个阶段和工序，并被分散到各国生产，由此而形成的分工与贸易现象。不同的学者用外包（Outsourcing, Feenstra and Hanson, 1996）、全球生产的非一体化（disintegration of production in the global economy, Feenstra, 1998）、产品内国际分工（intra-product specialization, Arndt, 1997; Arndt, 1998）、垂直专业化（vertical specialization, Hummels et al., 2001）、生产的分散化（production fragmentation, Arndt and Kierzkowski, 2001）描述了产品内分工贸易这一现象。

传统的国际贸易理论不能完全解释产品内贸易，部分学者从经典贸易理论出发，解释产品内贸易：一是从比较优势的角度解释产品内贸易的理论研究，将中间品纳入经典的李嘉图模型，借助要素价格差异解释产品内国际分工的基础与产品内贸易的发生（Sanyal, 1983; Jones, 2001; Findlay and Jones, 2001; Deardorff, 2001）。二是基于规模经济理论解释产品内贸易，该理论认为，不同中间品的有效规模不同，跨国公司利用该特征，将不同生产阶段的中间品安排到不同的国家生产，可以有效提高资源配置效率。这种基于规模经济的全球生产安排致使产品内贸易发生（Ishii and Yi, 1997）。基于传统贸易理论的产品内贸易意味着，要素禀赋和规模经济是产品内贸易的基础和贸易结构的决定因素。

另外部分学者从跨国公司生产组织方式角度来研究产品内贸易。一般来说，跨国公司通过两种方式在全球组织生产：一是以OFDI的形式在东道国建立分（子）公司，向设立在东道国的分（子）公司进口或出口中间品；二是将中间品生产外包给东道国的企业。经典贸易理论无法解释跨国公司通过OFDI获取或出口中间品这一现象，部分学者基于产权理论、交易成本、不完全契约理论，建立解释跨国公司的全球生产组织方式选择和产品内贸易的理论。Antras（2003）建立了企业边界的产权模型，认为在资本密集行业，企业垂直一体化的收益大于外包，将会选择垂直一体化的生产组织形式。Mclaren（2000）建立简单的交易成本模型，认为专业化的中间品可以通过市场机制或者一体化组织内部获得。Antras（2005）采用动态一般均衡的南北贸易模型，将不完全契约引入到中间品生产分工中，假设产品生产由高技术投入品（如研发投入）与低技术投入品（如组装与制造）组合而成，相较南方国家，北方国家的契约制度更加完备，随着低技术投入品生产的标准化，该类中间品转移到工资低、契约不完备的南方国家，其转移首先通过OFDI，然后通过外包。跨国公司全球生产组织理论从制度、跨国公司组织角度解释了产品内贸易产生的原因。

回顾产业间、产业内和产品内贸易理论，发现国家间的生产技术差异、要素禀赋差异、规模经济、人力资本差异、企业生产率、跨国公司全球组织生产解释了贸易基础，上述因素的改变也将影响贸易模式和贸易结构。

第四节　对外直接投资影响出口增加值的分析框架

虽然已有较多学者研究了OFDI与母国出口贸易之间的关系，但大多关注的是OFDI对出口总值的替代或互补效应，OFDI对出口商品结构的影响也逐渐受到学者的重视，但OFDI与出口内含要素的关系相对受到忽视。首先，本书从对外直接投资决定理论和母国经济效应理论出发，掌握对外直接投资的原因及结果，其次，梳理经典贸易理论，了解国际贸易的基础及决定因素，最后，将对外直接投资的经济效应与国际贸易决定因素联系起来，建立对外直接投资与出口增加值的理论联系和分析框架。具体机制框架如图2-1所示。

第一，OFDI是母国产业转移的载体，将引致母国产业转型，改变出口增加值规模和结构。一方面，边际产业转移理论认为OFDI将带来产业跨国转移，并促使母国产业转型升级发生。产业转移首先从投资国的边际产业开始，边际产业转出后，母国将不再是边际产业产品的出口国，国内其他生产要素将流向其他资本或技术更加密集的行业，推动母国产业升级。产业发展是一国贸易的基础，资本

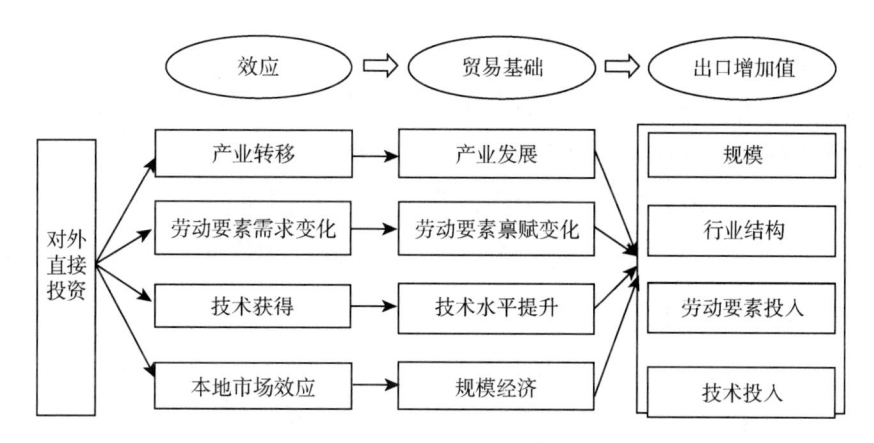

```
         效应    ⇨   贸易基础   ⇨   出口增加值

              ┌─ 产业转移 ──── 产业发展 ─┐    ┌─ 规模 ─┐
     对外    ├─ 劳动要素需求变化 ─ 劳动要素禀赋变化 ─┤    ├─ 行业结构 ─┤
     直接    ├─ 技术获得 ──── 技术水平提升 ─┤    ├─ 劳动要素投入 ─┤
     投资    └─ 本地市场效应 ─── 规模经济 ─┘    └─ 技术投入 ─┘
```

图 2-1　OFDI 影响出口增加值的分析框架

或技术密集行业比较优势加强，助推母国资本或技术密集行业产品出口。总的来说，边际产业转移促使母国产业转型升级发生，也使得母国产业比较优势发生转变，出口贸易结构由劳动密集产品向资本或技术密集产品转变。另一方面，跨国产业转移并不一定带来母国产业升级。有两种情形：其一，当产业资本转出母国，而国内产业资本得不到及时补充时，部分生产要素将被闲置，无法顺利实现产业转型；其二，对发展中国家而言，产业转移并不一定首先从边际产业发生，很可能转出的产业为技术或资本密集产业，抑制母国产业升级。发达国家的资本和技术要素更加密集，相应行业生产成本更低，吸引发展中国家资本流向发达国家。那么，发展中国家的资本或技术密集行业资本流向发达国家，会使得母国劳动密集行业规模扩大，资本或技术密集行业规模缩小，抑制产业升级，出口品结构也向劳动密集型转变。总的来说，OFDI 引致产业跨国转移，可能促进或抑制母国产业转型，将从两方面改变出口贸易结构。

第二，OFDI 改变母国劳动要素的市场需求和回报，长期改变劳动要素供给，影响贸易基础及贸易结构。垂直专业化分工理论（Helpman，1985；Yeaple，2006；Antras & Yeaple，2013）认为，发达国家跨国公司通过 OFDI 和外包的方式在全球范围内安排生产，利用要素相对价格差异实现资源最优配置,将非技术劳动密集环节转至发展中国家,在母国专业分工技术劳动密集的生产环节,这种跨国分工安排必然改变母国和东道国的技术劳动和非技术劳动需求。Feenstra 和 Hanson (1995, 1997) 的研究发现,发达国家 OFDI 将国内技术劳动密集度相对低的环节转移至发展中国家,则国内产业的技术劳动密集度上升,提高了技术劳动相对需求,扩大了技术劳动与非技术劳动相对工资差距。进一步的,工资差距增大提高技术劳动供给,[①] 提高整体人力资本水平。上述研究针对的是发达国家的 OFDI,发展中国家 OFDI 可能导致母国专业生产非技术劳动密集环节,东道国专业生产技术劳动密集环节,进而缩小技术劳动与非技术劳动工资差距,降低技术劳动的长期供给。但是总体而言,无论是发达国家还是发展中国家 OFDI,都会改变母国技术劳动与非技术劳动的相对需求和长期供给。新古典贸易理论及其延伸研究认为要素禀赋及要素禀赋的动态变化决定了国家的贸易模式,在 OFDI 改变母国技术劳动与非技术劳动长期供给的情况下,OFDI 也会改变母国的贸易模式,进而影响出口增加值规模及其劳动要素投入。

第三,OFDI 能够提升母国的技术水平,改变母国贸易基础,进而影响出口增加值规模及结构。OFDI 能够通过三种渠道提高母国技术水平:首先,OFDI 能够实现研发费用均摊,降低研发成本,提高研发回报率和研发水平。一方面,技术水平较高的东道国拥有特定研发集聚优势和人才智力资源,研发要素价格相对较低,利用东道国的研发成本优势能够降低研发费用。另一方面,随着市场规模的开拓,单位产品研发费用将下降,规模经济将带来研发回报率上升。其次,海外子公司获得技术并向母国反馈其技术成果。OFDI 能够通过自行研发、跨国并购或与当地企业进行战略合作直接获得东道国

[①] Feenstra 和 Hanson (1995, 1997) 的研究认为,通过再教育、再培训的方式,非技术劳动可以向技术劳动转变。另外,技术劳动相对工资提升,促使学龄人口更愿意接受高等教育,向技术劳动转变,增加技术劳动供给。

技术，还可以通过龙头企业示范、人员流动和产业关联效应间接获得技术，再利用跨国公司体系向母国反馈和转移相应技术成果，提高母国的技术水平，这就是 OFDI 的"逆向技术溢出效应"。最后，外围环节剥离使得母国企业更加专注核心技术研发，提高母国在核心技术上的创新能力。在全球价值链分工体系下，母国企业将技术含量较低的生产环节如加工、制造转移至东道国，在母国专注核心生产、研发设计和营销环节。专注研发设计环节将直接提高母国的技术水平，从事核心生产等技术含量较高环节能够通过"干中学"效应间接提高技术水平。在新要素贸易理论和新新贸易理论框架下，技术水平是一国出口贸易的决定因素，OFDI 的技术提升效应将改变母国的出口增加值规模及其技术含量。

第四，OFDI 改变母国市场规模，包括特定产业规模和总体规模，通过规模经济渠道改变贸易基础，进而影响出口增加值规模和结构。首先，就进行 OFDI 的产业而言，若是水平 OFDI，即将母国全部生产流程"复制"到东道国，直接由东道国的分（子）公司向当地市场供应产品，那么母国的产业规模将缩小。若是垂直 OFDI，仅将部分环节转移到东道国，会扩大对保留在母国的中间品需求，提高相应中间品的生产规模。其次，就总体经济规模而言，由对外直接投资经典理论可知，OFDI 能够提高跨国公司的国际竞争力，带动母国出口规模增长，进而提高母国总体经济规模。新古典贸易理论中的规模经济理论认为规模经济是国际贸易产生的一个原因，那么总体经济、产业或中间品的生产规模变化将改变这一贸易基础，进而改变出口增加值规模及结构。

第三章

中国对外直接投资与出口增加值发展现状

第一节 中国对外直接投资发展现状

改革开放40多年以来，中国对外直接投资总体来说经历了三大发展阶段：初步发展阶段（1982—1991年）、积累孕育阶段（1992—2000年）和快速增长阶段（2001年至今）。与其他对外直接投资大国相比，中国对外直接投资存量和流量呈现赶超趋势。近十年来，中国"走出去"战略深入实施，开放水平不断提高，对外直接投资迅猛发展，主要呈现五大发展特征：第一，行业分布更加多元，信息服务业、制造业等领域大幅增长；第二，OFDI流入国别或地区集中程度较高，主要集中在亚洲地区，对欧洲和北美洲的资本存量占比提高；第三，就流出地区来看，东部地区仍为主要资本流出地；第四，就投资主体来看，国有企业占比不断下降，民营企业对外直接投资积极性不断提高；第五，就投资方式来看，垂直OFDI是主要的投资方式，增速快于水平OFDI。

一 时间变化历程

相较利用外资，中国对外直接投资起步略晚，孕育期长，但后劲较足，且在 2016 年中国对外直接投资流量首次超过外商直接投资，实现反超。中国对外直接投资与外商直接投资资本存量变化趋势如图 3-1 所示，流量变化趋势如图 3-2 所示。

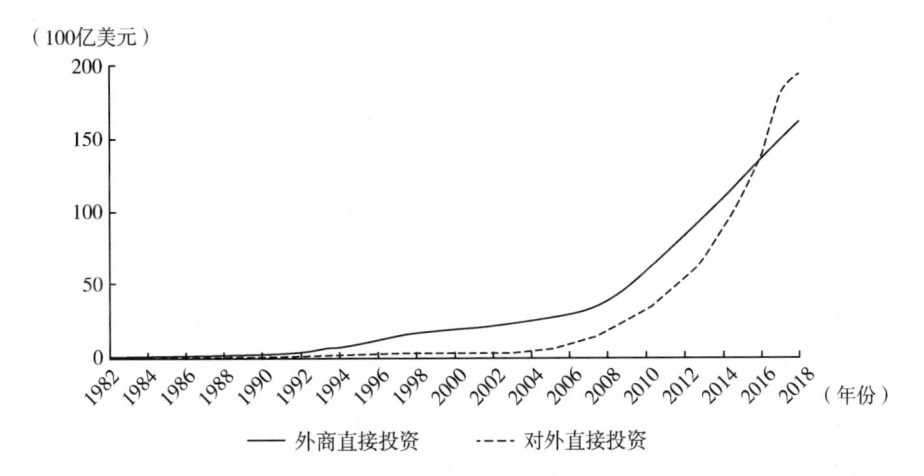

图 3-1 中国对外直接投资与外商直接投资资本存量变化趋势

资料来源：UNCTAD。

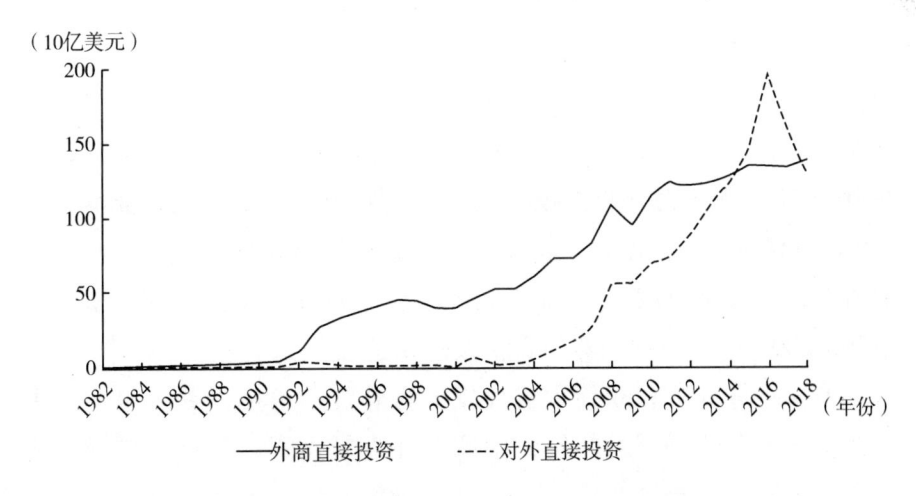

图 3-2 中国对外直接投资与外商直接投资资本流量变化趋势

资料来源：UNCTAD。

改革开放初期，中国的对外直接投资和利用外资均发展缓慢，1978—1991 年为中国对外直接投资的初步发展阶段。这一时期，中国企业缺乏海外经营经验，国内制度、管理条例尚不健全，仅部分贸易型企业尝试对外直接投资。但 1984 年后，《关于在国外和港澳地区举办非贸易性合资经营企业审批权限和原则的通知》《关于在境外开办非贸易性企业的审批程序和管理办法的试行规定》等新法案的颁布，国内企业对外直接投资开始有法可依，且逐步发展。此时，中国利用外资水平也处于缓慢增长阶段，但仍高于中国对外直接投资水平。

1992—2000 年是中国对外直接投资的积累孕育阶段，发展较为平稳。1994—1998 年维持在 2 亿美元左右，受亚洲金融危机的不利影响，1999 年后出现短期下降。与对外直接投资的平稳发展相反，中国利用外资迅猛发展，外商直接投资流入额的年均增长率达到 17.8%，1997 年前年均增长为 32.7%。中国利用外资快速增长受益于 1992 年邓小平在"南方谈话"中针对利用外资提出"用市场换技术"战略，而中国企业的海外经营在本阶段相对受到政策忽视。

2001 年至今为中国对外直接投资的快速发展阶段。由图 3-1 可知，2001—2016 年，中国对外直接投资流量呈现"指数"增长，年均增长率高达 24.4%，本阶段外商直接投资年均增长率仅为 7.2%。在 2016 年，中国对外直接投资流量反超外资流入量，成为资本净流出国。2000 年"走出去"战略作为国家战略被正式提出[1]，2001 年中国正式加入 WTO 为中国企业跨国经营和对外直接投资创造了良好条件，2001 年成为中国对外直接投资快速发展的起点年份。2007 年后，美国次贷危机和欧债危机爆发，海外资产价格下跌，激发了中国企业购入海外资产的热情，中国对外直接投资流量持续增长，而外商资本流入开始放缓。

---

[1] 参见《江泽民文选》第 2 卷，人民出版社 2006 年版，第 569 页。

二 中国与其他国家对外直接投资发展水平比较

与其他对外直接投资大国相比,中国对外直接投资流量增长强劲,但在存量上还有较大差距。选取 2018 年对外直接投资资本存量最大的五个国家,分别为:美国、英国、荷兰、日本、中国,图 3-3 显示了 2005—2018 年上述代表性国家的 OFDI 存量变化情况,比较分析中国与其他四个国家的对外直接投资发展差距。第一,就对外直接投资存量规模来看,美国是第一大对外直接投资国,荷兰次之,中国第三。第二,中国的对外直接投资发展水平离全球第一大对外直接投资国还有较大差距。就对外直接投资存量来看,美国是全球第一大对外直接投资国,2018 年其对外直接投资资本存量高达 6.5 万亿美元,占全球对外直接投资资本存量的比重超过 21%,远远超过其他国家的对外直接投资水平。而 2018 年中国对外直接投资存量仅 1.93 万亿美元,占全球比重为 6.4%。第三,中国对外直接投资增速较快,十年间已追赶并超过日本和英国。2008 年,中国对外直接投资资本存量仅 0.18 万亿美元,为美国对外直接投资资本存量的 5.6%;2018 年,中国对外直接投资资本存量为美国的 30%。10 年

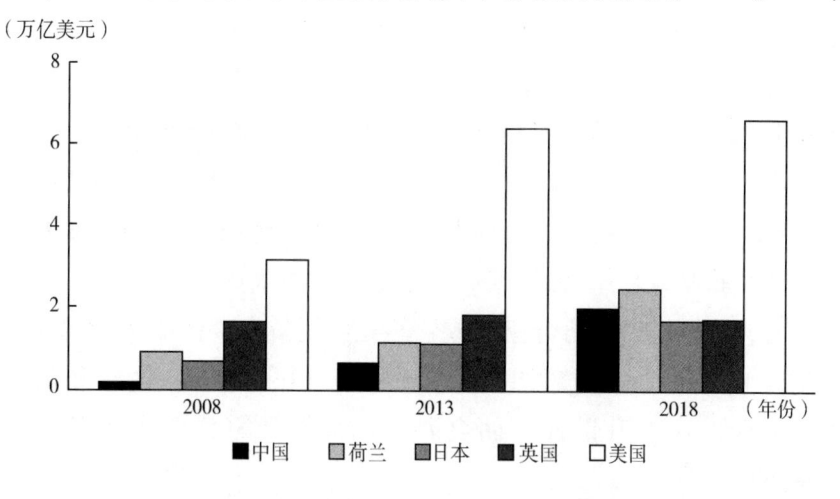

图 3-3 中国与其他国家 OFDI 资本存量对比

资料来源:UNCTAD。

间中国OFDI资本存量年均增长率达26%，远高于其他四国的增长水平。

三　中国对外直接投资的行业构成及变化

表3-1分别列出了2008年和2018年分行业中国OFDI存量及构成占比情况。首先，分析中国OFDI存量的行业构成特征。就总量而言，租赁和商务服务业是中国OFDI流出最多、占比最高的行业，2018年存量达6755亿美元，占比为34.1%。其次为批发和零售行业、金融业和信息传输、软件和信息技术服务业，占比分别为11.7%、11.0%和9.8%。就年均增长率来看，信息传输、软件和信息技术服务业增长最快，增长率达54%，科学研究和技术服务业次之，为33%。增长最快的信息传输、软件和信息技术服务业，科学研究和技术服务业具有技术和知识密集特征，中国对外直接投资显示出明显的技术寻求偏向。部分行业的增长率相对缓慢，如金融业，交通运输、仓储和邮政业，采矿业等。

然后，比较2008年与2018年中国OFDI存量的行业变化特征。2008年和2018年，占比最高的行业是租赁和商务服务业，且其占比呈现提升的趋势，由29.7%上升至34.1%，其他行业占比均远远低于租赁和商务服务业的行业占比。部分行业占比出现下降，批发和零售业由16.1%下降至11.7%，金融业由20.0%下降至11.0%，采矿业由12.5%下降至8.8%，交通运输、仓储和邮政业由7.9%下降至3.4%。部分行业占比大幅上升，例如信息传输、软件和信息技术服务业由0.9%上升至9.8%，制造业占比由5.3%上升至9.2%。总的来看，中国OFDI的行业构成依然是以租赁和商务服务业为主，未发生较大变化，但局部调整依然存在，信息传输、软件和信息技术服务业占比上升迅速，而金融业、批发和零售业等服务业占比大幅下降。

表3-1　　　2008年和2018年分行业中国OFDI存量及构成变化

单位：10亿美元，%

行业	2008年 存量	2008年 占比	2018年 存量	2018年 占比	年均增长
租赁和商务服务业	54.6	29.7	675.5	34.1	29
批发和零售业	29.6	16.1	232.7	11.7	23
金融业	36.7	20.0	217.9	11.0	19
信息传输、软件和信息技术服务业	1.7	0.9	193.6	9.8	61
制造业	9.7	5.3	182.3	9.2	34
采矿业	22.9	12.5	173.5	8.8	22
交通运输、仓储和邮政业	14.5	7.9	66.5	3.4	16
房地产业	4.01	2.2	57.3	2.9	30
科学研究和技术服务业	2	1.1	44.2	2.2	36
建筑业	2.7	1.5	41.6	2.1	31
电力、热力、燃气及水的生产和供应业	1.8	1.0	33.7	1.7	34
农林牧渔业	1.5	0.8	18.8	0.9	29
居民服务、修理和其他服务业	0.7	0.4	16.7	0.8	37
其他	1.3	0.7	28	1.4	36

注：表中数据经过四舍五入处理，合计数可能不等于100%。下同。年均增长率 = $\left(\frac{Y_{t+n}}{Y_t}\right)^{\frac{1}{n}} - 1$，$Y_{t+n}$ 为第 $t+n$ 期的OFDI存量。

资料来源：2010年度和2015年度《中国对外直接投资统计公报》。

四　中国对外直接投资的国别地区分布及变化

中国对外直接投资存量的地区分布呈现明显的集聚特征，且这一特征在过去十年间未弱化。2008年和2018年中国流向各大洲的OFDI存量及占比情况如图3-4、图3-5所示。就总体结构而言，中国对外直接投资的地区分布较为集中。2018年，中国OFDI的最大目的地为亚洲，存量约1.28万亿美元，占总量比重64.4%；拉丁美洲次之，存量约0.41万亿美元，占比为20.5%；欧洲第三，存量约0.11万亿美元，占比为7.4%。亚洲占比较高的重要原因在于，中国在中国香港的OFDI存量比重较高，占亚洲地区总量的86.2%。

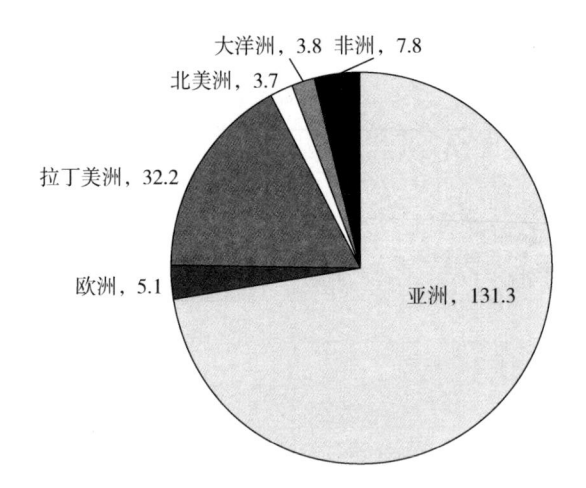

42 中国对外直接投资对出口增加值的影响研究

图 3-4 2008 年中国对外直接投资流量的地区分布特征（单位：10 亿美元）

资料来源：2008 年度《中国对外直接投资统计公报》。

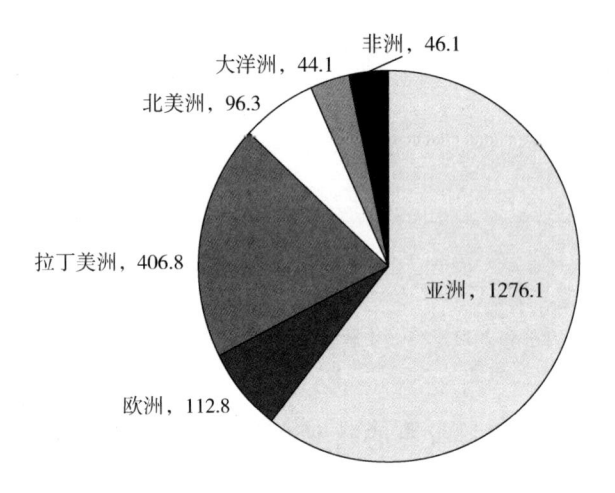

亚洲，131.3；拉丁美洲，32.2；欧洲，5.1；北美洲，3.7；大洋洲，3.8；非洲，7.8

图 3-5 2018 年中国对外直接投资流量的地区分布特征（单位：10 亿美元）

资料来源：2018 年度《中国对外直接投资统计公报》。

亚洲，1276.1；拉丁美洲，406.8；欧洲，112.8；北美洲，96.3；大洋洲，44.1；非洲，46.1

就各地区的增长幅度而言，流向北美洲和欧洲的 OFDI 存量增长幅度最大。2018 年中国流向北美洲的 OFDI 存量是 2008 年的约 26 倍，而流向欧洲的 OFDI 存量是 2008 年的约 22 倍。流向拉丁美洲、大洋洲、亚洲和非洲的 OFDI 存量也分别是 2008 年的约 13 倍、12 倍、10 倍和 6 倍。比较 2008 年和 2018 年 OFDI 流出存量地区结构发现，总体结构变化不大,局部出现微调。过去十年间,中国流向亚洲地区的 OFDI 存量占比始终超过 60%,但出现轻微下调,由 71.4% 下降至 64.4%。而流向拉丁美洲、欧洲和北美洲的占比出现轻微上升,流向拉丁美洲的资本存量占比由 17.6% 上升至 20.5%,流向欧洲的资本存量由 2.8% 上升至 5.7%,流向北美洲的资本存量占比由 2.0% 上升至 4.9%。

中国对外直接投资在国家分布上较为均衡,集聚特征并不明显。2018 年中国对外直接投资存量排名前十的国家或地区如表 3-2 所示[①]。截至 2018 年,中国 OFDI 资本存量最高的十个国家分别为美国、新加坡、澳大利亚、荷兰、英国、卢森堡、俄罗斯、德国、印度尼西亚、加拿大,投资存量合计达 2719.12 亿美元,占总投资存量[②]的 55.1%。美国为中国 OFDI 资本存量最高的国家,达 755.07 亿美元,占比为 15.3%;其次为新加坡,OFDI 资本存量为 500.94 亿美元,占比为 10.2%;澳大利亚资本存量为 383.79 亿美元,占比为 7.8%。由上述国家存量占比可知,剔除避税港地区后,中国 OFDI 资本存量在国家分布上相对较为均衡,没有较为明显的集聚特征。就国家类型来看,排名前十的国家中,除印度尼西亚外,其他都为发达国家。

表 3-2　2018 年年末中国对外直接投资存量排名前十的国家或地区

单位:亿美元,%

序号	国家名称	存量	比重
1	美国	755.07	15.3
2	新加坡	500.94	10.2
3	澳大利亚	383.79	7.8
4	荷兰	194.29	3.9

---

① 截至 2018 年,中国在中国香港、开曼群岛、英属维尔京群岛的 OFDI 存量达 14901.12 亿美元,合计占总 OFDI 资本存量 75.2%,上述地区多为资本境外集散地和避税港区,不能反映对外直接投资的真正规模。因此,本章在剔除上述地区之后,排出存量最高的十个国家或地区,计算相应的 OFDI 存量占比。

② 剔除避税港地区之后的总投资存量。

续表

序号	国家名称	存量	比重
5	英国	198.83	4.0
6	卢森堡	153.89	3.1
7	俄罗斯	142.08	2.9
8	德国	136.89	2.8
9	印度尼西亚	128.11	2.6
10	加拿大	125.23	2.5

资料来源：2018 年度《中国对外直接投资统计公报》。

五　中国对外直接投资的国内区域分布变化特征

将中国各省份按照地理区位特征，分为东、中、西三个地区，分析三个地区从 2008 年到 2018 年的对外直接投资流量和结构变化情况。就三个地区 OFDI 流量规模来看，东部地区规模最大，而中部与西部地区规模远远落后于东部地区（如图 3－6 所示）。从东、中、西三个地区的 OFDI 流量增长来看，中部地区的增长最快，2018 年 OFDI 流量是 2008 年的约 20 倍，东部地区 2018 年的流量是 2008 年的约 18 倍，西部地区增速较慢，但也实现了约 7 倍的增长。从三个地区的结构变化来看，中国对外直接投资的国内区域分布呈现集中趋势。2008 年东、中、西部地区 OFDI 流量占比分别为 70.6%、8.6% 和 20.8%，2018 年东、中、西部地区 OFDI 流量占比分别为 79.0%、10.6%、10.4%，东中部地区占比上升，而西部地区下降较快。

2018 年中国对外直接投资流量前十的省份分别为广东、上海、浙江、山东、北京、江苏、福建、河南、海南、天津。上述省份的 OFDI 流量、较上年增长率和存量如表 3－3 所示。就 OFDI 流量和存量规模而言，各省份之间存在较大差距。从 2018 年的流量上看，广东、上海、浙江超过 100 亿美元，为第一梯队；山东、北京、江苏超过 60 亿美元，为第二梯队；福建、河南、海南、天津超过 30 亿美元，为第三梯队。从 2018 年的 OFDI 存量上看，广东和上海依然

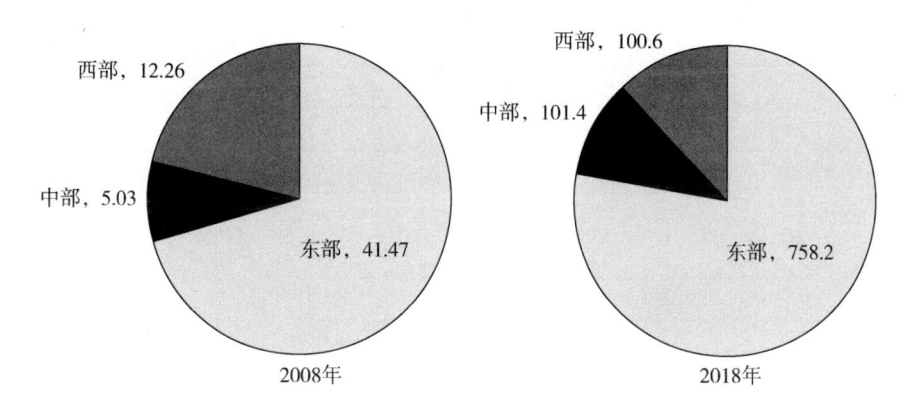

第三章 中国对外直接投资与出口增加值发展现状　　45

图 3-6　2008 年和 2018 年中国对外直接投资流量按区域分布情况
（单位：亿美元）

注：东部地区包括：北京、天津、河北、辽宁、吉林、黑龙江、上海、江苏、浙江、福建、山东、广东、海南，中部地区包括山西、安徽、江西、河南、湖北、湖南，西部地区包括：内蒙古、广西、四川、重庆、贵州、云南、陕西、甘肃、青海、宁夏、新疆、西藏。

资料来源：2008 年度和 2018 年度《中国对外直接投资统计公报》。

处于第一梯队，超过 1000 亿美元；北京、浙江、山东、江苏处于第二梯队，超过 400 亿美元；天津、福建、河南、海南处于第三梯队，超过 100 亿美元。就增长率而言，河南的增长率较高，超过 100%；福建、天津、江苏、广东也实现了较快的增长，增长率超过 30%；上海、浙江、海南的增长率相对较低，但也超过 7%；然而，山东和北京的增长率为负，分别为 -15.05% 和 -2.72%。总的来看，上海、福建属于沿海省份，开放经济发展水平相对较高，对外直接投资基础好，发展快，而其他中西部省份的对外直接投资发展水平还有较大的提升空间。

表 3-3　　　　2018 年地方对外直接投资流量、存量、增长率
按省份分布情况　　　　单位：亿美元，%

序号	省份	流量	较上年增长率	存量
1	广东	160.6	36.43	2005.49
2	上海	153.3	18.01	1180.69

续表

序号	省份	流量	较上年增长率	存量
3	浙江	122.8	15.20	573.64
4	山东	66.9	-15.05	549.13
5	北京	64.7	-2.72	699.51
6	江苏	61	39.97	461.45
7	福建	45.4	60.71	175.67
8	河南	38.6	111.74	134.39
9	海南	33.8	7.30	151.8
10	天津	33.7	46.20	246.5

资料来源：2017 年度、2018 年度《中国对外直接投资统计公报》。

六 中国对外直接投资主体发展变化特征

按境内投资者工商行政管理注册类型分类，国有企业的重要性逐渐下降，非国有企业 OFDI 流量占比呈现上升趋势。2018 年非国有企业 OFDI 流量为 755.7 亿美元，占比 62.3%，较上年提高 13.6 个百分点，同比增长 11.2%；国有企业 OFDI 流量为 457.5 亿美元，占比 37.7%，同比下降 36.1%。2008—2018 年国有企业与非国有企业 OFDI 流量变化如图 3-7 所示。2008 年国有企业 OFDI 流量占比达 69.6%，非国有企业仅 30.4%。2008—2015 年，国有企业 OFDI 流量占比持续下降，2015 年国有企业与非国有企业的 OFDI 流量规模相当。从 2016 年开始，非国有企业的 OFDI 流量占比开始超过国有企业。从存量上看，国有企业仍然是中国 OFDI 的主要投资主体，但其重要性正在逐渐下降，非国有企业的国际竞争力和从事海外经营的积极性正在逐渐提高。

七 投资方式发展变化特征

对外直接投资分为水平和垂直两种类型，Antras 和 Yeaple（2013）将水平 OFDI 定义为母国将最终产品的所有价值链环节都布局到东道国的投资，垂直 OFDI 定义为母国将产品的部分价值链环节布局到东道国的投资。本书根据《中国对外直接投资统计公报》的 OFDI 存量

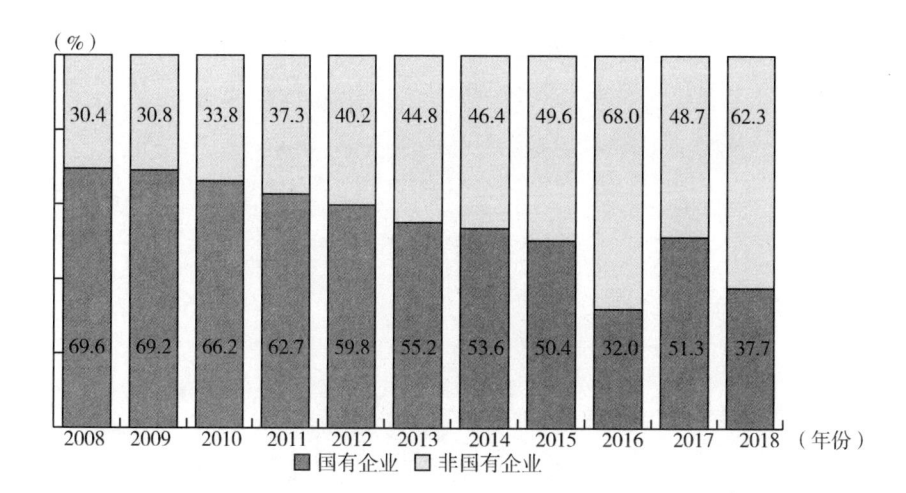

图 3-7 2008—2018 年中国国有企业与非国有企业 OFDI 存量占比情况

资料来源：2008—2018 年《中国对外直接投资统计公报》。

数据和《境外投资企业（机构）名录》的企业数据，提出测算方法，估算出中国对样本国家的制造业 OFDI 及垂直和水平 OFDI 的存量数据[①]。中国制造业垂直和水平 OFDI 资本存量变化趋势如图 3-8 所示：2003—2011 年中国制造业对样本国的 OFDI 资本存量增长了 18 倍，发展迅猛；垂直 OFDI 资本存量大概为水平 OFDI 的 4—5 倍，这是因为垂直 OFDI 涉及的初始固定投资相对小于水平 OFDI，风险和资金占用都较小，是企业海外经营起步时的首选；在 2007 年美国次贷危机前中国制造业垂直 OFDI 的增速快于水平 OFDI，是上述类似原因所致，2007 年后，水平 OFDI 资本存量年均增长率为 43%，高于垂直 OFDI 增长率 32%，因为海外经济恢复较慢，资产价格和生产要素价格相对下降，且政策倾向于支持外商资本进入，大量中国

---

① 具体测算方法见第四章第三节。只有当东道国的海外分（子）公司数目和资本存量较多时，该测算方法比较有效，WIOD 汇报了 39 个国家或地区的投入产出数据，剔除资本存量较低的国家后，所剩样本国为澳大利亚、比利时、巴西、加拿大、德国、西班牙、法国、英国、印度尼西亚、印度、意大利、日本、韩国、墨西哥、荷兰、波兰、俄罗斯、土耳其、美国。中国商务部现已停止公开《中国对外投资企业名录》，因此，垂直和水平 OFDI 存量数据仅到 2011 年。

企业抓住机会"抄底"海外资产。

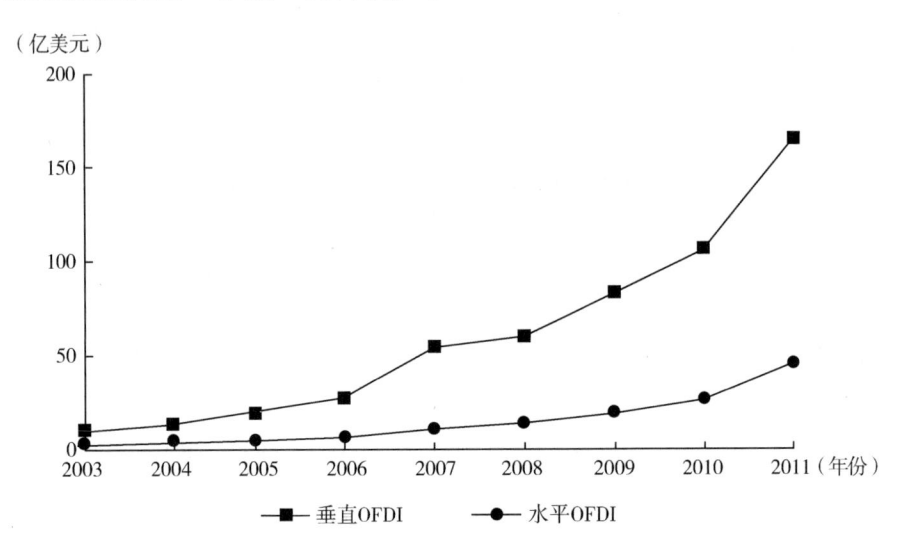

图 3-8　制造业垂直和水平 OFDI 资本存量变化趋势

资料来源：经《中国对外直接投资统计公报》数据和境外投资企业（机构）名录数据计算得到。

第二节　中国出口增加值发展现状

本节分析了中国制造业出口增加值总量及其行业结构、劳动结构、技术含量发展现状。

一　中国制造业出口增加值总量变化特征

本节中国制造业出口总值、出口增加值是指对 19 个样本国家的出口总值和出口增加值之和，单位为 2005 年不变价美元，具体如图 3-9 所示：2003—2011 年出口总值与出口增加值的时间变化趋势基本一致，在 2008 年之前呈快速上升趋势，2009 年受国际金融危机波及出口总值及增加值大幅下降，出口总值的下降幅度更大，2010 年开始恢复上升趋势；出口中国内增加值占比自 2001 年加入 WTO 至 2004 年处于连年下降趋势，图中仅报告了 2003 年之后的变化趋势，这是融入全球生产体系初期国内市场受到国外市场竞争冲击的必然结果，在 2004 年之后中国制造业逐步适应开放的分工体系，出口中国内增加值占比不断提升，在 2009 年达到峰值，随着各国贸易保护主义抬头，中国出口中国内增加值占比随后又缓慢下降。

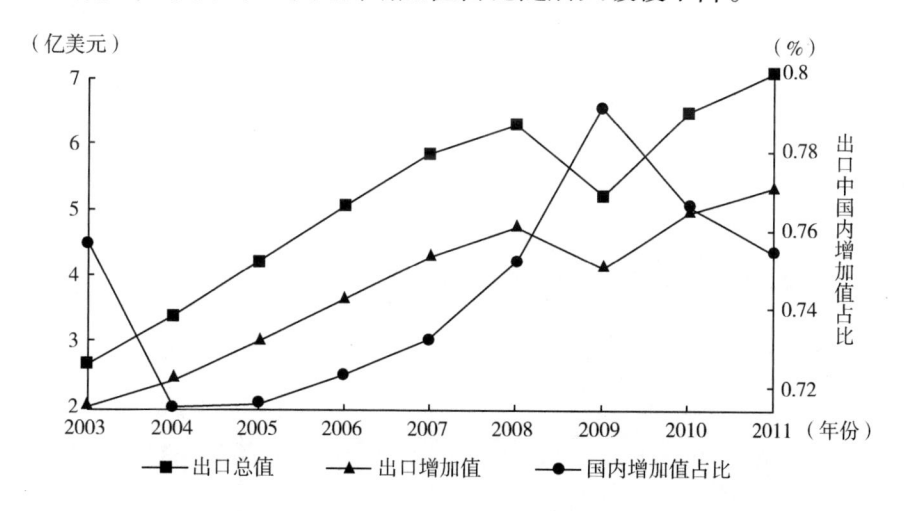

图 3-9　中国制造业出口总值及出口增加值变化趋势

资料来源：笔者根据 WIOD 数据测算得到。

从变化趋势来看，2003—2011 年中国制造业对样本经济体的出口增加值呈快速上升趋势，与上文的分析一致；2007—2011 年中国对样本国的出口增加值增速较 2003—2007 年出现明显下降，中国对部分样本国如加拿大、西班牙等的出口增加值增长几乎停滞；从规模上看，中国制造业对美国的出口增加值远远高于其他国家，对欧盟的出口增加值仅次于美国，欧盟内部分布较为均衡，对日本、韩国的出口增加值在样本国家中分别居于第二、第三位；从样本期增速来看，中国制造业对发展中国家出口增加值的增长速度远远超过发达国家，2011 年中国对巴西、印度的出口增加值分别为 2003 年的 9 倍和 8 倍，9 年间对发展中国家出口增加值的平均增长率为 542%，而发达国家的相应指标值为203%；从出口中国内增加值占比来看，中国对发展中国家的出口中国内增加值占比较低，平均为75%，而对发达国家出口中国内增加值占比均值为76.6%，说明中国对发达国家的出口包含更多的国内增加值。

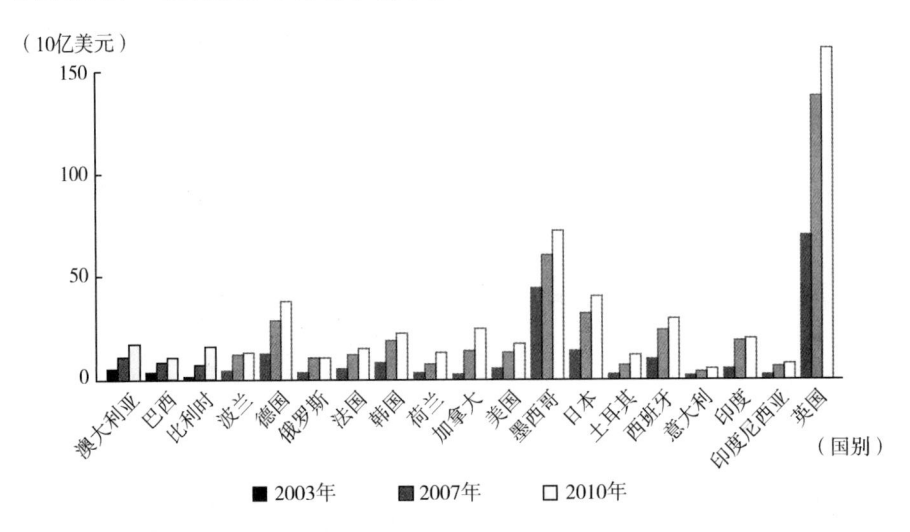

图 3-10　2003 年、2007 年、2011 年中国制造业对样本经济体出口增加值比较

资料来源：笔者根据 WIOD 数据测算得到。

二　出口增加值行业结构特征

将所有行业分为资源行业、制造业、生产性服务业[①]和其他行业四大类，制造业出口增加值由上述四大行业增加值构成，以 2011 年为例分析中国制造业出口增加值行业结构特征，具体如图 3-11 所示。图 3-11 画出了中美制造业出口增加值的行业结构特征，总体而言制造业占比最高，且中美差距不大，中美出口增加值结构差异

---

① 本书将生产性服务业进一步区分为高端生产性服务业和非高端生产性服务业。参照 Juleff（1996）的定义，将金融中介、租赁、会计、法律、研究开发、管理咨询等服务业界定为高端生产性服务业。

主要表现在资源行业和生产性服务业上：中国制造业出口增加值中资源行业占比为13%，远远高于美国的3%，表明中国制造业生产过于依赖资源行业投入；中国制造业出口增加值中生产性服务业占比为14%，低于美国的20%，中国高端生产性服务业对制造业的贡献与美国的差距更大[①]，高端生产性服务业占比为7.6%，远低于美国的15.9%，从资源行业和生产性服务业占比的角度可以发现美国制造业出口增加值行业结构优于中国。

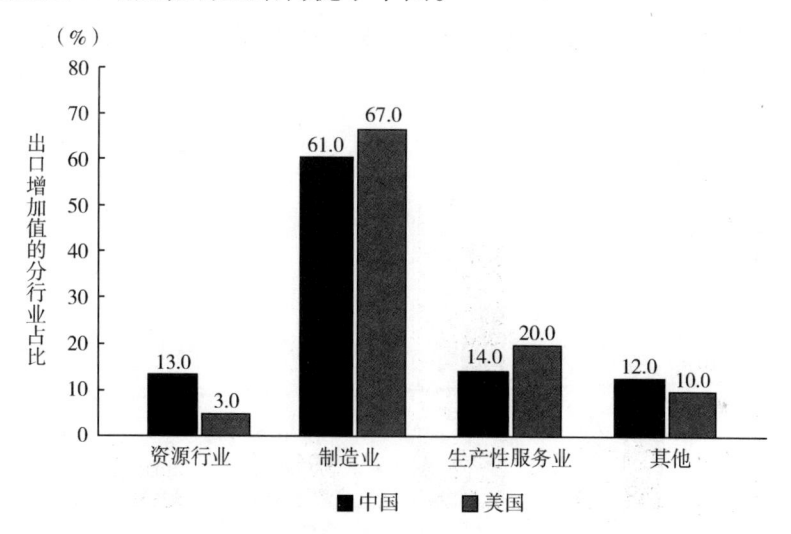

图 3-11 中美制造业出口增加值行业结构比较

资料来源：笔者根据 WIOD 数据测算得到。

将制造业细分为中高技术行业、中低技术行业、低技术行业[②]，

[①] 为避免与生产性服务业内容重复，未将高端生产性服务业占比体现在图 3-11 中。图 3-12 作类似处理。

[②] OECD 对 ISIC REV.3 按照技术密集度划分为高技术行业、中高技术行业、中低技术行业和低技术行业，为与 WIOD 的行业划分一致，本章将高技术行业和中高技术行业进行了归并。中高技术行业包括化学工业，通用专用设备制造业，电气机械及器材制造业，交通运输设备制造业；中低技术行业包括炼焦、石油加工行业，橡胶及塑料行业，其他非金属矿产行业，金属冶炼压延及金属制品行业，其他制造业及废物回收行业；低技术行业包括食品、饮料、烟草行业，纺织及纺织制品行业，羽毛、毛皮、鞋制品行业，木材及木制品行业，纸浆、造纸、印刷行业。

图 3-12 画出了分行业的出口增加值结构特征：就资源行业而言，三大行业差别较大，低技术行业的资源行业占比最高，为 22.1%；中低技术行业次之，为 14%；中高技术行业最低，为 9.1%。就生产性服务业而言，低技术行业的生产性服务业占比最低，中低技术行业略高于低技术行业，中高技术行业远高于其他两大行业，三大行业的高端生产性服务业占比差距也较大，低、中低、中高技术行业的相应指标分别为 5.9%、6.1%、8.6%，综合资源行业和生产性服务业占比来看，行业技术密集度越高其增加值结构越优。

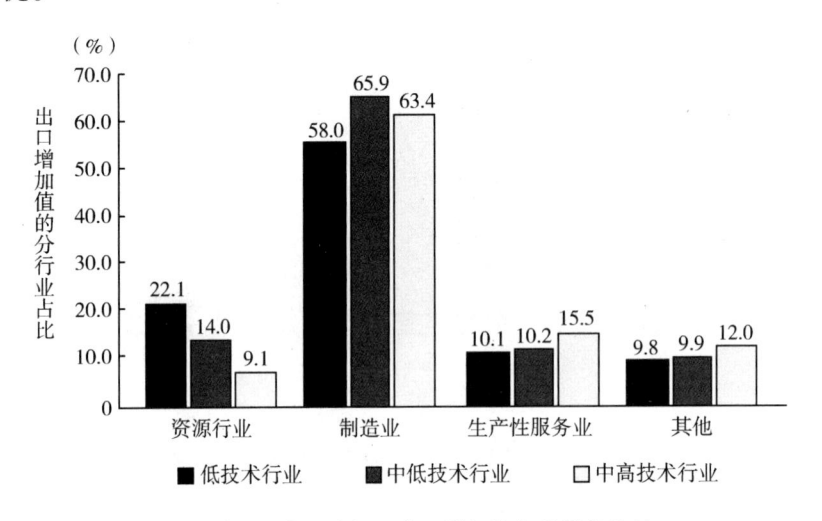

图 3-12 中国分行业出口增加值行业结构比较

资料来源：笔者根据 WIOD 数据测算得到。

三 中国出口增加值劳动结构特征

本章将劳动按照受教育年限分为三类，分别为高技术劳动、中等技术劳动、低技术劳动，计算出口增加值中三类劳动的要素报酬占比，以出口增加值内含的高技术劳动报酬占比衡量出口增加值劳动结构，具体计算方法见第五章第三节。

选取全球出口排名前五的发达国家和包括金砖国家在内的 5 个

发展中国家，分别测算 2003—2009 年出口增加值高技术劳动占比[①]，将中国的相应指标与之比较，分析中国出口增加值劳动结构与所选国家的差异。中国与发达国家的比较见图 3-13，由图可知发达国家的出口增加值劳动结构明显优于中国，且差距较大。所选取的五个发达国家相应指标值在 0.3 到 0.5 之间，而中国的指标值不到 0.1。中国与发展中国家的比较见图 3-14，由图可知，其他发展中国家的出口增加值劳动结构也优于中国。所选取的 5 个发展中国家相应指标值在 0.1 到 0.3 之间，中国仅与印度尼西亚比较接近。中国出口增加值高技术劳动占比较低的可能原因有两个：首先，中国的高技术劳动禀赋相对较低。以 2009 年为例，中国的高技术劳动时间投入占比为 6.5%，而印度、墨西哥的相应指标值为 7.4% 和 11.1%。其次，中国的高技术劳动报酬相对较低。如印度尼西亚的高技术劳动投入占比为 6.8%，而高技术劳动报酬占比为 29.4%，中国仅为 13.7%[②]。

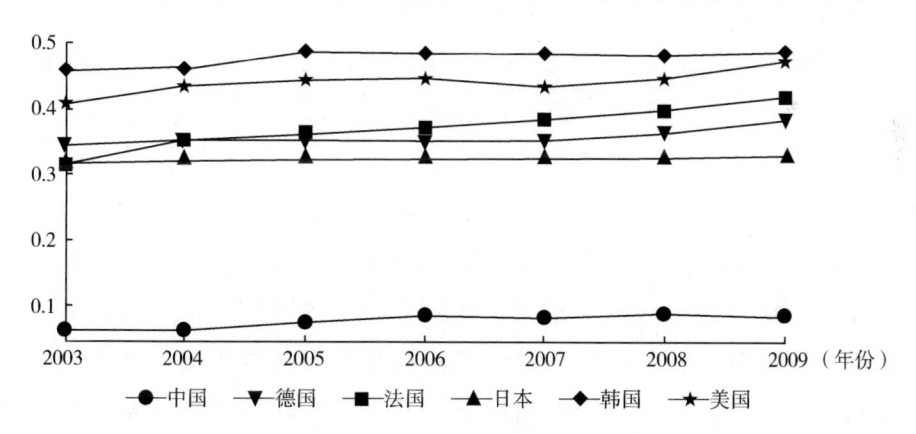

图 3-13　中国与发达国家出口增加值劳动结构比较

资料来源：笔者根据 WIOD 数据测算得到。

---

① WIOD 中的国民经济账户数据仅覆盖至 2009 年，导致劳动要素消耗数据仅到 2009 年，因此，本章的出口增加值劳动结构数据样本区间为 2003—2009 年。

② 各国劳动时间和劳动报酬数据来自 WIOD。

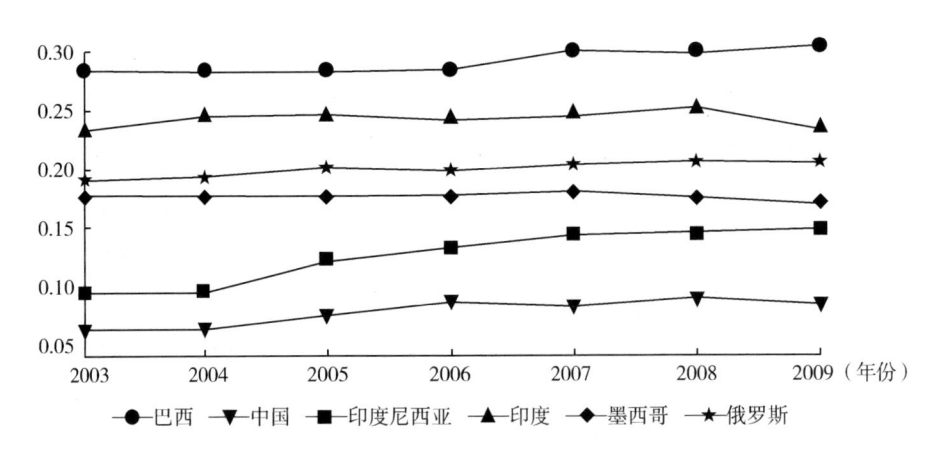

图 3-14 中国与发展中国家出口增加值劳动结构比较

资料来源：笔者根据 WIOD 数据测算得到。

测算出 2003 年、2006 年、2009 年中国对 64 个样本国①的出口增加值高技术劳动占比，并按照年份画出分布密度图，分析中国对样本国出口结构的分布特征和随时间变化特征，具体如图 3-15 所示。图中均值、中位数和偏向分布特性均显示，中国出口增加值劳动结构正在优化。就均值和中位数而言，2003 年的指标值分别为 0.030 和 0.029，2006 年为 0.044 和 0.043，2009 年为 0.046 和 0.044，说明中国出口增加值高技术劳动占比呈现逐年递增的趋势。就离散程度而言，2003 年的分布较为集中，随后分布呈现厚尾特征，离散程度提高，表明中国对东道国的出口结构的异质性程度提高。就偏向程度而言，分布呈现明显的右偏特征，说明该指标值集中分布在低于均值的位置，但这种右偏特征有逐渐减弱的趋势，偏度值由 2003 年的 0.678 变为 2009 年的 0.584，表明分布的偏向性质在逐渐改善，逐渐向均值附近集中。总体而言，中国对样本国出口增加值高技术劳动

---

① 中国对样本国的出口数据来自 OECD.stan 数据库，OFDI 资本存量数据来自《中国对外直接投资统计公报》，我们可以获得中国对 105 个国家或地区的出口和 OFDI 数据，但受限于第五章控制变量的数据可得性，最终确定的样本量为包括澳大利亚、阿根廷等在内的 64 个国家或地区。

的分布呈现单峰分布特征，且随时间往右移动，从均值、离散程度和偏向度三个方面来看，中国的出口增加值劳动结构呈现改善的趋势。

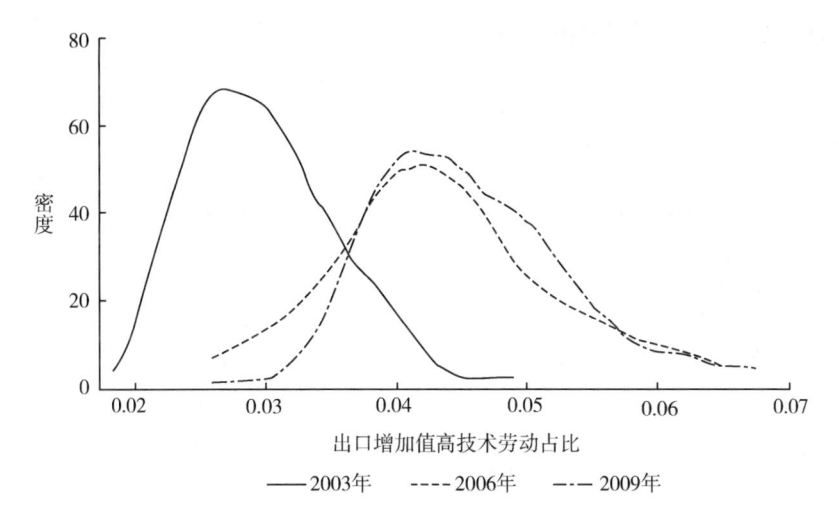

图 3-15 出口增加值劳动结构分布特征

资料来源：笔者根据 WIOD 数据测算得到。

四 中国出口增加值技术含量特征

本章采取全球投入产出表测算出口增加值技术含量中属于本国的部分，以此衡量出口增加值技术含量，同时还提出了出口增加值技术含量集约边际、结构边际、总量边际概念，分别衡量直接技术投入变化、投入产出结构变化和出口规模变化带来的出口增加值技术含量变化，具体计算方法见第六章第三节。按照第六章第三节提出的测算方法，计算出中国对 84 个样本国家和地区[①]的出口增加值技术含量和出口增加值技术含量的指标值，以 2011 年中国出口增加值技术含量最高的 12 个样本国

---

① OECD. Stan 数据库上可以获得中国对 148 个国家和地区的出口数据，但《中国对外直接投资统计公报》上仅汇报了对其中 105 个国家的 OFDI 数据，另外世界银行数据库中部分国家的控制变量缺失值较多，综合以上三方面考虑，最终确定样本国家为包括阿尔及利亚、阿根廷、澳大利亚等在内的 84 个国家或地区。

家为例,分析 2003 年、2007 年、2011 年中国出口增加值技术含量及其三元边际特征,具体如表 3-4 和表 3-5 所示。这 12 个样本国按照出口增加值技术含量由高到低的顺序排列,具体为美国、日本、韩国、德国、荷兰、印度、英国、新加坡、俄罗斯、意大利、巴西、澳大利亚。

表 3-4 中国出口增加值技术含量及其三元边际

单位:百万美元/人 * 百万美元

伙伴国	出口增加值技术含量及其三元边际	2003 年	2007 年	2011 年
美国	技术含量	461.67	2231.18	6034.87
	集约边际	461.67	825.50	1487.57
	结构边际	461.67	483.71	517.41
	总量边际	461.67	1187.23	1664.20
日本	技术含量	301.93	993.55	2779.15
	集约边际	301.93	545.02	992.39
	结构边际	301.93	316.03	333.90
	总量边际	301.93	529.04	770.37
韩国	技术含量	105.82	609.42	1674.99
	集约边际	105.82	196.26	358.45
	结构边际	105.82	109.61	114.59
	总量边际	105.82	321.20	470.75
德国	技术含量	91.36	477.89	1421.97
	集约边际	91.36	162.52	290.64
	结构边际	91.36	95.31	102.43
	总量边际	91.36	256.37	393.84
荷兰	技术含量	73.03	424.97	1164.97
	集约边际	73.03	130.79	233.15
	结构边际	73.03	75.90	82.14
	总量边际	73.03	227.79	322.43
英国	技术含量	53.65	297.16	800.17
	集约边际	53.65	96.09	173.25
	结构边际	53.65	56.13	59.89
	总量边际	53.65	157.97	220.48

续表

伙伴国	出口增加值技术含量及其三元边际	2003年	2007年	2011年
新加坡	技术含量	49.39	318.67	711.52
	集约边际	49.39	89.03	159.32
	结构边际	49.39	51.02	54.18
	总量边际	49.39	171.19	205.09
俄罗斯	技术含量	27.69	268.89	709.75
	集约边际	27.69	49.69	92.16
	结构边际	27.69	29.73	31.14
	总量边际	27.69	140.62	196.71
意大利	技术含量	33.76	211.61	634.76
	集约边际	33.76	61.47	112.25
	结构边际	33.76	35.26	36.88
	总量边际	33.76	110.94	174.86
巴西	技术含量	12.37	119.56	626.38
	集约边际	12.37	22.79	41.11
	结构边际	12.37	12.65	13.19
	总量边际	12.37	63.94	175.53
澳大利亚	技术含量	31.55	172.64	625.71
	集约边际	31.55	57.21	104.34
	结构边际	31.55	33.07	34.81
	总量边际	31.55	91.62	173.78
印度	技术含量	19.13	258.12	990.77
	集约边际	19.13	35.43	64.61
	结构边际	19.13	19.69	20.46
	总量边际	19.13	137.50	278.10

注：出口增加值技术含量的衡量单位由其测算方法决定。
资料来源：笔者根据WIOD数据测算得到。

表3-4列出了2003年、2007年、2011年中国对12个样本国的出口增加值技术含量及其三元边际值。由于以2003年为基期计算出口增加值技术含量三元边际值，所以三元边际指标值在2003年与出口增加值技术含量相同。首先，中国出口增加值技术含量最高的国家集中在发达国家，但对发展中国家的出口增加值技术含量正在加

速上升。中国对美国、日本、韩国和欧盟成员国的出口增加值技术含量一直处于前列，美国、日本和韩国为中国出口增加值技术含量最高的三个国家，在2003—2011年的排位没有变化。而中国对印度和巴西的出口增加值技术含量不断上升，由2003年排名第18和第24上升为2011年排名第6和第11，对俄罗斯的出口增加值技术含量也略有上升，由2003年排名第12上升至2011年排名第9。第二，比较2007年和2011年中国对各国出口增加值技术含量的集约边际、结构边际和规模边际的相对大小发现，集约边际和规模边际远大于结构边际。结合出口增加值技术含量三元边际的定义，该数据特征说明行业技术水平提高和出口总量增长对出口增加值技术含量增长的贡献更大。对发达国家样本，出口增加值技术含量的集约边际与总量边际指标值相差不大，对发展中国家样本，出口增加值技术含量的总量边际远大于集约边际，如印度、巴西，说明出口增加值总量增长是中国对发展中国家出口增加值技术含量增长的主要推动力量。

中国出口增加值技术含量及其三元边际增长率情况如表3-5所示。总体来说，中国的出口增加值技术含量在样本期间经历了高速增长。对于表中的样本国，中国出口增加值技术含量在2003—2011年增长了8.2—50倍，总出口的相应增长倍数为1.46—13倍，出口增加值技术含量增长率远远高于出口总量增长率。第二，对发展中国家的出口增加值技术含量增长远高于对发达国家出口。中国对印度和巴西出口增加值技术含量在样本期内增长了近50倍，而对其他发达国家出口增加值技术含量增长仅为8—20倍。第三，国际金融危机发生后，出口增加值技术含量增速放缓。2003—2007年，中国出口增加值技术含量增长率在229%—1249%，而2007—2011年，相应增长率为123%—424%，国际金融危机发生后，出口增加值技术含量增长出现大幅下降。比较出口增加值技术含量三元边际在国际金融危机前后增长率变化发现，集约边际的增长率没有表现出明显下降，结构边际增长率出现小幅上升，而总量边际呈现较大幅度下降，说明出口增加值技术含量增速下降的主要原因是出口总量增速下降。

表 3-5　　中国出口增加值技术含量及其三元边际增长率　　单位：%

伙伴国	出口增加值技术含量及其三元边际	2003—2011 年	2003—2007 年	2007—2011 年
美国	技术含量	1207.18	383.28	170.48
	集约边际	222.21	78.81	80.20
	结构边际	12.07	4.77	6.97
	总量边际	260.47	157.16	40.17
日本	技术含量	820.45	229.06	179.72
	集约边际	228.68	80.51	82.08
	结构边际	10.59	4.67	5.65
	总量边际	155.15	75.22	45.62
韩国	技术含量	1482.91	475.92	174.85
	集约边际	238.75	85.47	82.64
	结构边际	8.29	3.58	4.54
	总量边际	344.88	203.55	46.56
德国	技术含量	1456.40	423.07	197.55
	集约边际	218.11	77.89	78.83
	结构边际	12.11	4.32	7.47
	总量边际	331.07	180.60	53.62
荷兰	技术含量	1495.26	481.95	174.13
	集约边际	219.27	79.10	78.27
	结构边际	12.47	3.94	8.21
	总量边际	341.53	211.92	41.55
印度	技术含量	5078.91	1249.26	283.83
	集约边际	237.70	85.21	82.34
	结构边际	6.92	2.91	3.90
	总量边际	1353.66	618.71	102.26
英国	技术含量	1491.51	453.91	169.27
	集约边际	322.94	79.12	80.29
	结构边际	111.64	4.63	6.70
	总量边际	410.97	194.45	39.57

续表

伙伴国	出口增加值技术含量及其三元边际	2003—2011 年	2003—2007 年	2007—2011 年
新加坡	技术含量	1440.64	545.23	123.27
	集约边际	322.59	80.26	78.95
	结构边际	109.71	3.30	6.20
	总量边际	415.26	246.62	19.80
俄罗斯	技术含量	2563.31	871.11	163.96
	集约边际	332.83	79.46	85.46
	结构边际	112.46	7.39	4.72
	总量边际	710.44	407.87	39.89
意大利	技术含量	1880.48	526.91	199.96
	集约边际	332.53	82.09	82.61
	结构边际	109.25	4.46	4.59
	总量边际	518.03	228.66	57.62
巴西	技术含量	5064.77	866.73	423.91
	集约边际	332.43	84.25	80.43
	结构边际	106.67	2.30	4.28
	总量边际	1419.26	416.99	174.53
澳大利亚	技术含量	1983.30	447.20	262.44
	集约边际	330.74	81.33	82.39
	结构边际	110.32	4.83	5.24
	总量边际	550.83	190.42	89.67

资料来源：笔者根据 WIOD 数据测算得到。

第三节　小结

一　中国对外直接投资发展现状总结

经过 40 多年的发展，与世界其他国家相比，中国对外直接投资在流量和存量两方面都呈现赶超趋势，但存在以下几个不足与问题：一是制造业等实体产业对外直接投资占比相对较低。在资本流出行业构成上，2018年较2008年有了一定程度的优化，但租赁商务服务业、批发零售业和金融业依然是占比最高的三个行业，三者之和超过50%，而制造业占比不超过10%，实体产业对外直接投资流量占比低于服务业。二是流向避税港的资本过多导致中国对外直接投资主要集中在亚洲地区。单从地区特征来看，亚洲是中国对外直接投资的最大目的地，2018年占比达64.3%。避税港区通常是国际资本的中转地，较难进行跟踪和监管，流向避税港区的资本占比过高是中国对外直接投资面临的一个问题。三是资本流出的国内区域分布极不均衡。从近年的发展趋势来看，东部地区的OFDI流量不仅规模最大，增速也最快，拉大了与中西部地区的差距。各省份之间的发展也极不均衡，东部沿海省份的OFDI发展水平较高，是内陆省份的数倍。四是从投资主体来看，国有企业依然是中国OFDI主体，非国有企业的主体地位仍需继续提升。2008—2018年，对外直接投资存量中国有企业占比由69.6%下降至37.7%，虽然非国有企业的重要性已经逐步上升，但在区域贸易协定加入国有企业条款的背景下，非国有企业的主体地位仍需进一步提升。

二 中国出口增加值发展现状总结

2003—2011年，排除2009年前后国际金融危机造成的外部冲击后，中国出口增加值总体呈现上升态势，出口总值中国内增加值占比经历了先下降后上升两个阶段。中国出口增加值发展主要存在以下几个方面的问题：一是资源行业贡献占比过高、高端生产性服务业贡献占比过低。以制造业为例，2011年中国制造业出口中的资源行业贡献占比和高端生产性服务业贡献占比分别为13%和7.6%，而美国的相应指标值为3%和15.9%，可见中国制造业出口品生产时资源品消耗较为密集，而高端生产性服务业消耗相对较低。二是中国出口增加值内含高技术劳动占比较低。虽然2003—2009年中国出口增加值劳动结构呈现优化的趋势，但与其他发达国家相比，中国出口增加值高技术劳动占比仍然较低，甚至低于其他发展中样本国。三是技术水平提升和投入产出结构优化两方面因素对中国出口增加值技术含量提升的贡献还不够。结合中国出口增加值技术含量三元边际特征可知，出口总规模增长对出口增加值技术含量的贡献最大，技术水平提升其次，而投入产出结构改善的贡献最低。在出口总规模增长乏力的背景下，提高集约边际和结构边际对出口增加值技术含量的贡献是关键。

三　中国对外直接投资与出口增加值的关联性分析

从总体发展趋势来看，中国对外直接投资存量与出口增加值规模、出口增加值劳动结构和出口增加值技术含量均呈增长态势，表现出正向关联特征。但对外直接投资存量的增长速度远快于出口增加值及其劳动结构和技术含量的增长速度，且中国本土经济增长是对外直接投资和出口增加值增长的重要推动力量，中国对外直接投资与出口增加值的内在联系可能不是简单的正向联系。另外，不同类型OFDI与出口增加值的关联性可能有不同表现，例如垂直OFDI和水平OFDI的增长趋势存在差异；OFDI与出口增加值内涵不同，如出口增加值资源行业贡献和生产性服务业贡献、出口增加值技术含量三元边际之间的关系也不尽相同。总之，虽然中国OFDI与出口增加值及其各种内涵之间呈现出正向关联特征，但内在联系还需进一步深入分析。

第 四 章

中国对外直接投资对出口增加值规模及行业结构的影响

第一节 问题提出

在中国大规模实施"走出去"战略背景下,中国OFDI迅速增长,中国OFDI对出口的影响成为热点话题(陈立敏等,2010;张纪凤、黄萍,2013;毛其淋、许家云,2014;蒋冠宏、蒋殿春,2014;乔晶、胡兵,2015)。现有关于中国OFDI出口效应的研究关注中国OFDI对总出口的影响,在全球价值链分工体系下,出口增加值是对国内生产出口更准确的度量,OFDI对出口增加值的影响更能够反映投资与贸易的本质关系。

在制造行业,随着"无国界生产体系"(UNCTAD,2013)逐步形成,产品制造由"国家制造"变为"世界制造",垂直专业化分工使得产品总价值包括国内增加值和国外增加值两部分,传统贸易统计方式汇报的总出口为产品总价值,不能准确度量国内增加值出口。Johnson和Noguera(2012)测算出94个经济体的增加值贸易额,指出基于增加值贸易的双边贸易失衡与直接统计的双边贸易失衡有很大的差别。国内学者也采用世界投入产出表计算出中国的增加值出口，一致指出现行贸易统计体系下中国出口规模"虚高"（张海燕，2013；王岚，2014；周升起等，2014），因此，在规模上区分出口总值和出口增加值非常必要。

改革开放以来，中国制造业出口虽跃居世界榜首，但陷入明显的低端化、低价值增值困境，中国出口增加值如何提高和出口增加值结构如何改善是亟待解决的问题。目前，中国出口的国内增加值问题已经受到学者的重视，但是现有研究仅停留在出口的国内增加值总量或占比上，较少关注出口增加值的结构变化，即使出口中的国内增加值占比或总量不变，仅增加值结构发生变化也是具有明显经济意义的，如制造业出口增加值中生产性服务业占比上升意味着制造业"服务化"程度提高，是制造业与服务业积极互动的表现。因此，本章以制造业为分析对象，从规模和结构两方面研究中国制造业OFDI如何影响出口增加值。

事实上，OFDI与出口增加值关系密切，水平OFDI影响出口增加值的机制与出口总值差别不大，但垂直OFDI的生产全球组织特性使其对出口增加值和出口总值的影响机制存在差别。另外，OFDI还会对出口增加值结构有深刻的影响，水平OFDI通过跨国产业转移效应、国内要素流动效应改变出口增加值结构，垂直OFDI促进母国"总部经济"发展能够优化出口增加值结构。本章试图回答什么类型的OFDI更能够提升出口增加值规模和什么类型的OFDI更能够改善出口增加值结构两大问题，以期从OFDI的角度对中国出口困境和出口行业发展两方面提出政策建议。为回答上述问题，首先分析OFDI影响出口增加值规模和结构的机理，其次运用跨国面板数据对上述问题进行实证分析，最后根据结论提出相应的政策启示。

第二节　理论机制

对外直接投资分为水平和垂直两种类型，Antras 和 Yeaple（2013）

将水平 OFDI 定义为母国将最终产品的所有价值链环节都布局到东道国的投资，垂直 OFDI 定义为母国将产品的部分价值链环节布局到东道国的投资①。从规模上看，水平 OFDI 对出口总值和出口增加值的影响机理是类似的，而垂直 OFDI 对出口总值和出口增加值的影响机制有较大差别；从结构上看，出口总值无法反映 OFDI 对母国产业发展和产品增加值结构的影响，这是 OFDI 影响出口总值和出口增加值的根本不同。具体机理如图 4-1 所示。

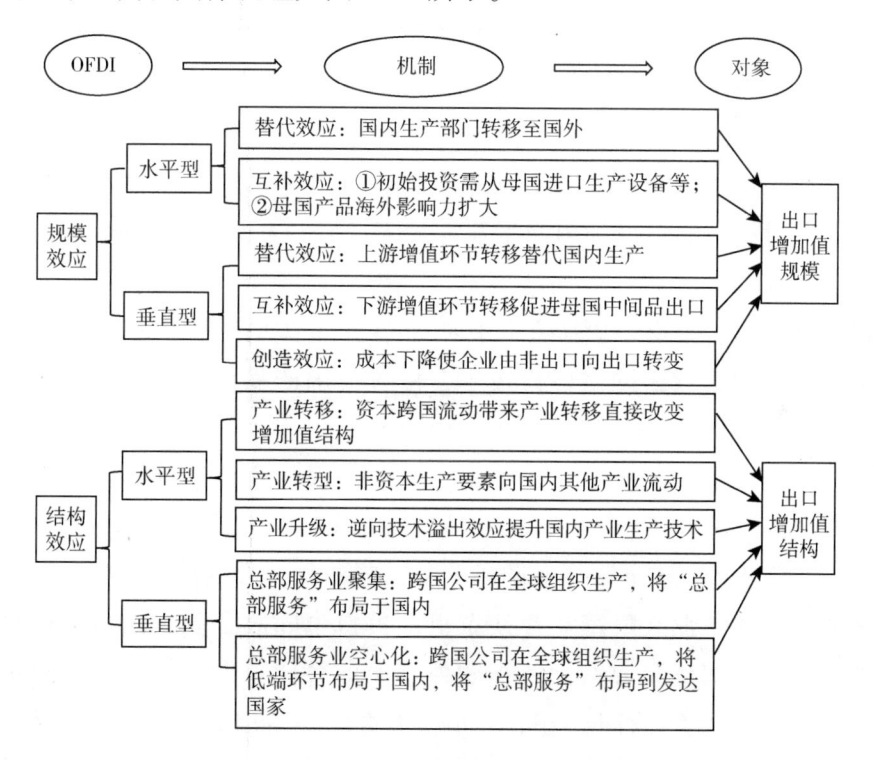

图 4-1　OFDI 影响出口增加值规模和结构的机理

规模效应：
- 水平型
  - 替代效应：国内生产部门转移至国外
  - 互补效应：①初始投资需从母国进口生产设备等；②母国产品海外影响力扩大
- 垂直型
  - 替代效应：上游增值环节转移替代国内生产
  - 互补效应：下游增值环节转移促进母国中间品出口
  - 创造效应：成本下降使企业由非出口向出口转变

→ 出口增加值规模

结构效应：
- 水平型
  - 产业转移：资本跨国流动带来产业转移直接改变增加值结构
  - 产业转型：非资本生产要素向国内其他产业流动
  - 产业升级：逆向技术溢出效应提升国内产业生产技术
- 垂直型
  - 总部服务业聚集：跨国公司在全球组织生产，将"总部服务"布局于国内
  - 总部服务业空心化：跨国公司在全球组织生产，将低端环节布局于国内，将"总部服务"布局到发达国家

→ 出口增加值结构

---

① Helpman（2006）认为水平 OFDI 和垂直 OFDI 的区别在于其服务市场的不同，水平 OFDI 服务于东道国市场，而垂直 OFDI 在东道国生产却服务于东道国之外的市场。本章认为在全球价值链分工背景下，采用 Antras 和 Yeaple（2013）的定义更为合适。

一　规模效应

本章认为水平 OFDI 不仅对国内出口总值和出口增加值有替代效应，还存在互补效应，对二者的影响机制是类似的。水平 OFDI 将母国产品的所有增值环节都转移至其他国家（地区），短期内闲置的生产资源不能马上被利用，生产转移会引起国内生产减少导致出口减少，进而出口增加值也会下降，此为水平 OFDI 对出口增加值的替代效应。另外，水平 OFDI 对出口总值和出口增加值还存在互补效应，一方面，当国内公司在海外设置水平型分支机构时，需要投入大量固定成本设厂，为降低购买成本和交易成本海外分（子）公司倾向于从母国购买生产经营设备或投资品，会促进母国对东道国的产品出口，对母国出口增加值产生互补效应；另一方面，水平 OFDI 的生产销售通常会雇佣大量当地员工、与当地政府建立长期关系、加大营销体系建设力度，增强了母国产品在东道国的影响力，降低了母国产品出口的营销网络建设成本，促进母国产品出口，相应的出口增加值也得到提升。

垂直分工体系所引致的中间品贸易是现行贸易统计体系失准的主要原因，因此垂直 OFDI 对出口总值和出口增加值的影响机制存在差异。垂直 OFDI 可能是上游或下游环节转移，如果是上游生产环节向海外转移，那么母国需要从东道国进口中间品，此时出口总值虽然不变，但部分国内增加值被国外增加值替代，出口中的国内增加值将下降。垂直 OFDI 对出口总值没有影响却对出口增加值产生替代效应，这是垂直 OFDI 影响出口总值和出口增加值最大的不同。如果是产品下游增值环节转移到国外，母国由出口最终品变为出口中间品，导致出口总值和出口增加值均下降，但出口企业的全球价值链布局行为使生产成本降低、市场占有率提升，促进中间品出口，提升出口总值和出口增加值。此时垂直 OFDI 对出口总值和出口增加值的影响是类似的，总体效应是互补还是替代无法确定。除传统的"替代效应"和"互补效应"之外，垂直 OFDI 对母国出口总值和出口增加值还存在"创造效应"。无论是上游还是下游增值环节转移都是以降低成本为动机的，生产成本下降伴随着企业竞争力提升，母国企业可能由非出口企业转变为出口企业，从"拓展边际"的角度促进了出口增长。总的来看，不同于垂直 OFDI 对出口总值只有互补效应，上游增值环节转移型垂直 OFDI 对出口增加值有替代效应，不利于出口增加值增长，虽然此时出口总值是不变的。

二 结构效应

运用投入产出方法可以将出口总值分解为国外增加值和不同行业的国内增加值，这为深入考察出口行业的增加值结构变化提供了可能，是出口总值研究无法做到的。首先，需要明确增加值结构优化的内涵。从投入的角度来说，资源行业、制造业和生产性服务业产品是制造业生产最主要的投入品，本章将出口增加值的行业构成大致分为资源行业、制造业、生产性服务业和其他行业四类[①]。资源包括可再生资源和不可再生资源，是制造业生产必需的投入要素，然而上述两类资源在一定时间内都是有限的，因此如何利用有限资源创造更多的价值即如何提升生产效率是经济领域关注的核心问题，产品增加值中资源行业占比下降意味着资源的投入产出效率提升，是增加值结构优化的表现之一。另外，生产性服务业融入制造业发展意味着将大量的人力资本和知识资本引入到产品生产过程中，是制造业竞争力提升和产业升级的关键（刘明宇等，2010），程大中（2008）的研究表明中国经济发展过于依赖物质性投入消耗，生产性服务消耗相对较少，因此增加值中生产性服务业占比提升意味着生产性服务业对制造业贡献度上升，是增加值结构优化的表

---

① 资源行业包括农林牧渔和采矿行业。生产性服务业的分类基于 Browning 和 Singlemann（1975）的定义，将运输、仓储、金融、保险、会计、法律、管理咨询、研究开发、市场营销、工程设计、产品维修、通信服务等划分为生产性服务业，Juleff-Tranter（1996）将金融中介、租赁、会计、法律、研究开发、管理咨询等服务业界定为高端生产性服务业。

现之二。

水平 OFDI 将通过生产要素跨国、跨行业流动引起产业转移、产业转型和产业升级，国内产业结构变化将改变出口增加值结构。首先，水平 OFDI 意味着产业跨国转移，这将直接改变增加值结构，当资源密集型产业资本由国内转移至国外时，直接后果是国内出口的资源行业增加值占比下降，此时增加值结构是优化的；反之，若技术密集型产业资本由国内转移至国外，国内生产性服务业占比下降，增加值结构恶化。其次，除资本外其他跨国流动性较差的生产要素在国内跨行业流动，意味着产业转型出现，也会引起增加值结构改变。因资本流出而闲置的机器设备、土地、劳动力等生产要素会在母国跨行业流动，当流向生产性服务业占比更高、资源行业占比更低的行业时，母国产业转型成功，优化了出口增加值结构；反之，产业转型失败将使出口增加值结构恶化。最后，水平 OFDI 能够绕过技术先进国对技术的封锁和垄断，接近技术中心和市场，从东道国获得技术溢出，跨国公司本身作为要素流动的载体将技术、知识传回母国，促进母国生产技术进步和组织管理优化，降低资源品投入和提升生产性服务业投入，促进母国产业升级，优化出口增加值结构。

垂直 OFDI 是产业全球组织生产的表现，以降低成本为动机，可能将产品价值链的任意环节布局到国外，但从经验来看，大型跨国公司会着重将资源获取环节、非核心零部件生产环节、加工装配环节和销售售后环节布局到海外，注重在母国生产核心零部件和提供以研发、财务、法律、设计等高端生产性服务为代表的"总部服务"，这种全球生产组织模式将促进母国产业高端化，是产业升级的表现。若母国跨国公司的全球生产组织模式与上述发达国家跨国公司一样，那么随着垂直 OFDI 的增长，价值链上游的资源获取环节将大量在国外进行，出口总值中国内资源行业占比将下降，母国以"总部服务"为代表的高端生产性服务业将得到较大发展，出口增加值中生产性服务业占比将上升，此种情形下垂直 OFDI 将促进出口增加值结构优化。若母国的制度环境、人力资本水平、研发水平相对落后，生产性服务业发展也滞后于发达国家，本地公司国际化的过程极可能出现将"总部服务"布局到发达国家、仅将初级中间品和加工组装环节留在国内的全球生产组织模式，这种全球生产组织模式将导致母国高端生产性服务业"空心化"，产业升级动力缺乏，出口增加值结构恶化、高端生产性服务业占比下降。

第三节 实证模型设置及数据处理

一 实证模型设置

通过上述机理分析可以看出 OFDI 与出口增加值的紧密联系，水平和垂直 OFDI 可能促进或抑制出口增加值规模扩大，也可能改善或恶化出口增加值结构，要识别中国大规模实施"走出去"战略对出口增加值产生的实际影响还需要进一步实证分析。目前 Bergstrand 和 Egger（2007）构建的包含对外直接投资的出口引力模型被广泛用来研究 OFDI 与出口关系，本章研究的产品国内增加值及其构成（如出口中的生产性服务业增加值）的跨国流动是以产品为载体的，因此上述模型也适用于本章的研究。

（一）规模效应识别

引力模型设置如下：

$$\ln EVA_{ijt} = \alpha_0 + \alpha_1 \ln GDP_{jt} + \alpha_2 \ln PGDP_{jt} + \alpha_3 \ln GDP_{it} + \alpha_4 \ln Dis_{ij} + \alpha_5 \ln OFDI_{ijt} + \alpha_6 FC_t + \varepsilon_{ijt} \quad (4-1)$$

其中，EVA_{ijt} 表示第 t 期母国 i 对东道国 j 制造业出口中的国内增加值，本章仅研究中国的对外直接投资，所有 i 不变。GDP_{it} 表示母国 i 第 t 期的制造业总产出，代表了母国 i 的供给能力，GDP_{jt} 是东道国 j 第 t 期的产出，代表了东道国 j 的总需求大小，$PGDP_{jt}$ 是东道国 j 第 t 期的人均收入，代表了人均需求水平；Dis_{ij} 表示母国 i 与东道国 j

的首都的地理距离。$OFDI_{ijt}$是本章的核心变量，表示中国制造业在东道国的资本存量，当研究对象为不同类型的OFDI时它表示不同类型的OFDI资本存量，若α_5系数显著为正，则OFDI资本存量促进了出口增加值规模提升；反之，则抑制了出口增加值规模提升。通常贸易引力模型将母国和东道国语言是否相同、是否签订自由贸易区协议、是否接壤作为控制变量，但本章选取的样本国家的语言与中国均不相同，样本时段内只有印度尼西亚与中国签订FTA，且仅俄罗斯、印度与中国接壤，所以不考虑这三个变量。同时，本章选取的样本区间包含了国际金融危机发生前后两段时间，因此加入表示国际金融危机发生与否的虚拟变量FC_t。

（二）结构效应识别

本章的结构变化识别主要基于出口增加值中资源行业占比和生产性服务业占比变化，但由于不能直接将资源或生产性服务业占比作为式（4-1）的因变量，因此采取间接识别的思想，以生产性服务业为例：

$$\ln EVAS_{ijt} = \beta_0 + \beta_1 \ln GDP_{jt} + \beta_2 \ln PGDP_{jt} + \beta_3 \ln GDP_{it} + \\ \beta_4 \ln Dis_{ij} + \beta_5 \ln OFDI_{ijt} + \beta_6 FC_t + \varepsilon_{ijt}, \\ j = 1, 2, \cdots, N; \ t = 1, 2, \cdots, T \quad (4-2)$$

$EVAS_{ijt}$表示第t期母国i对东道国j的制造业出口总值中生产性服务业增加值部分，若$\beta_5 > \alpha_5$，则可认为出口中生产性服务业增加值的OFDI弹性大于出口增加值的OFDI弹性，出口增加值生产性服务业占比将随着OFDI的增加上升，增加值结构优化；反之生产性服务业占比下降，增加值结构恶化。对于资源行业可作类似的判断，若出口资源行业增加值的OFDI弹性系数低于出口增加值的OFDI弹性系数，则资源行业占比下降，出口增加值结构也得到优化。

二 主要变量数据处理

本章制造业出口增加值通过投入产出方法计算得到，利用了2003—2011年世界投入产出数据库（WIOD）和出口数据。2013年公布的 WIOD 涵盖了 1999—2011 年 34 个 OECD 国家、6 个其他经济体的投入产出数据，可以测算出中国对世界其他 39 个经济体 35 个行业的出口增加值。中国 OFDI 资本存量数据只能追溯至 2003 年，为保证估计的有效性，剔除部分中国 OFDI 资本存量过低的东道国[①]，最终选取 2003—2011 年中国对澳大利亚等 19 个经济体的出口和投资数据作为研究对象。

（一）制造业出口增加值测算

假设世界存在 2 个国家，每个国家生产 N 种商品，每种商品可以被作为中间品投入或者直接消费，X_r 表示国家 r 的总产出，Y_{rs} 表示国家 s 对国家 r 的最终商品需求，A_{rs} 为投入产出系数矩阵，表示国家 s 生产一单位矩阵的商品对国家 r 的中间品需求矩阵，则：

$$\begin{bmatrix} X_1 \\ X_2 \end{bmatrix} = \begin{bmatrix} A_{11} & A_{12} \\ A_{21} & A_{22} \end{bmatrix} \begin{bmatrix} X_1 \\ X_2 \end{bmatrix} + \begin{bmatrix} Y_{11} & Y_{12} \\ Y_{21} & Y_{22} \end{bmatrix} \quad (4-3)$$

式（4-3）可调整变换为：

$$\begin{bmatrix} X_1 \\ X_2 \end{bmatrix} = \begin{bmatrix} I-A_{11} & -A_{12} \\ -A_{21} & I-A_{22} \end{bmatrix}^{-1} \begin{bmatrix} Y_1 \\ Y_2 \end{bmatrix} = \begin{bmatrix} B_{11} & B_{12} \\ B_{21} & B_{22} \end{bmatrix} \begin{bmatrix} Y_1 \\ Y_2 \end{bmatrix} \quad (4-4)$$

矩阵 B_{rs} 为里昂惕夫逆矩阵，表示国家 s 消费 1 单位矩阵的商品需要国家 r 生产的商品数量矩阵。国家 r 的增加值率向量 v_r 为：

$$v_r = \mu \left(I - \sum_s A_{rs} \right), \text{ 设 } V_1 = diag(v_1),$$
$$V_2 = diag(v_2) \quad (4-5)$$

所有国家的增加值率对角矩阵为：

$$V = \begin{bmatrix} V_1 & 0 \\ 0 & V_2 \end{bmatrix} \quad (4-6)$$

国家 1 对国家 2 出口商品的国内增加值为：

---

① 剔除了奥地利、保加利亚、塞浦路斯、捷克、丹麦、爱沙尼亚、芬兰、希腊、匈牙利、爱尔兰、立陶宛、卢森堡、拉脱维亚、马耳他、葡萄牙、罗马尼亚、斯洛伐克、斯洛文尼亚、瑞典、中国台湾 20 个经济体。

$$VE_{12} = V_1 * B_{11} * E_{12} \qquad (4-7)$$

其中 E_{12} 表示国家 1 对国家 2 的出口，为 $N \times 1$ 矩阵。当计算行业 i 的出口增加值时，E_{12} 的其他行元素为 0，VE_{12} 的第 j 行表示行业 i 出口总值中行业 j 的增加值部分，将 VE_{12} 元素加总得到行业 i 出口的国内增加值，将所有制造业相应数据加总可得到制造业总体的出口国内增加值总量及行业增加值构成。多国情形时中国制造业出口增加值可以类似计算。

（二）分国家制造业 OFDI 资本存量测算

官方统计数据缺乏中国对其他国家的制造业 OFDI 资本存量数据，本章根据《中国对外直接投资统计公报》的 OFDI 资本存量数据和《中国对外投资企业名录》的企业数据，提出测算方法，估算出中国对样本国家的制造业 OFDI 及不同类别 OFDI 的存量数据。《名录》中报告了国内投资主体、境外投资企业（机构）、经营范围、国家或地区等信息，经营范围通常包含境外企业经营的产品、经营内容（生产、组装、销售等）等信息，部分未说明具体主营产品的企业采取手动查找的方式补足，基于经营产品信息可以判断海外企业（机构）所属行业[①]，基于经营内容和水平、垂直 OFDI 的定义，将海外企业（机构）划分为水平型、垂直型。依据《名录》中海外机构的经营范围、国家地区信息，统计得到中国制造业在特定东道国所设海外企业（机构）数目。得到企业数目后基于下述方法算出制造业总体、水平、垂直 OFDI 资本存量。具体计算方法为：

假设第 t 期母国 i 对东道国 j 的第 k 类 OFDI 资本存量为 K_{ijt}^k（k 可以指制造业），资本总流量为 $Flow_{ijt}$，n_{ijt}^k 为第 t 期母国 i 企业在东道国 j 新设的从事第 k 类投资的子（分）公司数量，n_{ijt} 为第 t 期母国

---

① 《中国对外直接投资统计公报》上报告的对外直接投资制造业资本存量特指海外制造业产品生产企业的资本存量，国内制造企业的海外销售、售后、营销机构的资本存量被划入批发零售业。本章的 OFDI 资本存量的行业划分基于机构所经营的产品，若海外机构承担制造品价值链或其中的环节，则此海外机构的资本存量划分为制造业。

i 企业在东道国 j 新设的从事所有类型投资的子（分）公司数量。假设第 1 期母国 i 对东道国 j 的第 k 类 OFDI 投资存量为 $K_{ij1}^k = \dfrac{N_{ij1}^k}{N_{ij1}} K_{ij1}$，其中 N_{ij1} 是指第 1 期母国 i 企业在东道国 j 建立的子（分）公司总数，N_{ij1}^k 为从事第 k 类投资的子（分）公司总数。当 $t > 1$ 时，母国 i 对东道国 j 的第 t 期第 k 类 OFDI 资本存量为：

$$K_{ijt}^k = \max\left[0,\ K_{ijt-1}^k + \dfrac{n_{ijt}^k}{n_{ijt}} Flow_{ijt}\right] \qquad (4-8)$$

OFDI 流量可能为负，但存量不能为负，因此若按 $K_{ijt-1}^k + \dfrac{n_{ijt}^k}{n_{ijt}} Flow_{ijt}$ 计算的 OFDI 存量为负则认为 OFDI 资本存量为 0。根据《名录》统计出中国制造业对不同样本国的总体、水平、垂直 OFDI 的海外子（分）公司数目，再依据式（4-8）的算法得到相应 OFDI 资本存量数据。

三 其他变量数据处理及来源

所有变量选取、来源和统计性特征如表 4-1 所示。中国对东道国的总出口数据来自 OECD 数据库，东道国总产出、东道国人均收入、GDP 平减指数均来自世界银行数据库，北京与东道国首都的距离数据来自 CEPII 数据库。所有名义变量均调整至 2005 年不变价美元，出口增加值按照中国 GDP 平减指数平减，OFDI 资本存量数据按照各东道国 GDP 平减指数平减，产出和收入数据的 2005 年不变价美元数据可以直接得到。中国制造业 GDP 数据利用世界银行汇报的中国 GDP 数据乘以制造业贡献率得到[1]，制造业贡献率等于工业产业贡献率乘以制造业占工业产业比重，工业产业贡献率来自《中国统计年鉴》，制造业占工业产业产出比重经过《中国工业经济统计年

---

[1] 世界银行汇报的中国 GDP 数据是经过一系列调整之后得到的，为保持口径和货币单位一致，本章采用比例变换法得到中国制造业及分行业的 GDP 数据。

鉴》数据计算得到。

表 4-1　　　　　　　　　指标选取与数据来源

变量	指标	来源	变量	指标	来源
EVA_{ijt}	中国对东道国出口增加值	经 WIOD 数据测算	$OFDI_{ijt}^{sp}$	中国制造业对东道国 j 的水平 OFDI 资本存量	经笔者测算
E_{ijt}	中国对东道国的制造业总出口	OECD 数据库	$OFDI_{ijt}^{cz}$	中国制造业对东道国 j 的垂直 OFDI 资本存量	经笔者测算
$OFDI_{ijt}$	中国制造业对外直接投资存量	经笔者测算	N_{ijt}	中国制造业在东道国 j 成立的机构数目	对《名录》分类计算
GDP_{it}	中国制造业产出水平	经笔者测算	N_{ijt}^{sp}	中国制造业在东道国 j 成立的水平 OFDI 机构数目	对《名录》分类计算
GDP_{jt}	东道国总产出	世界银行数据库	N_{ijt}^{cz}	中国制造业在东道国 j 成立的垂直 OFDI 机构数目	对《名录》分类计算
$PGDP_{jt}$	东道国人均产出	世界银行数据库	GDP 平减指数	各国 GDP 平减指数	世界银行数据库
Dis_{ij}	北京与东道国首都的物理距离	CEPII 数据库	制造业贡献率	制造业产出占 GDP 比重	经笔者测算

第四节　实证结果分析

一　规模效应分析

（一）基本回归

本章将总体样本按照式（4-1）使用面板随机效应模型回归①，回归结果如表 4-2 所示。表 4-2 中 3 列结果分别显示了制造业总体、水平、垂直 OFDI 影响出口增加值的总样本回归结果，$\ln OFDI_{ijt}$ 的系数均显著为正，表明总体 OFDI、水平 OFDI 和垂直 OFDI 资本存

---

① 本章使用 Davidson-MacKinnon Test 检验内生性问题是否影响估计系数的一致性，检验结果支持原假设，即内生性问题不存在。

量都显著促进了母国出口增加值的增长。而垂直OFDI的系数明显大于水平OFDI，表明垂直OFDI对出口增加值规模的促进作用远大于水平OFDI的促进作用。东道国GDP、母国GDP、地理距离、金融危机对出口增加值的作用方向与引力模型预期相符，东道国需求扩张、中国供给能力增加、国家间地理距离缩小均能够促进中国制造业出口增加值的增长。

表4-2　　　　　　　　　　　总体样本回归结果

变量	总体OFDI	水平OFDI	垂直OFDI
$lnOFDI_{ijt}$	0.0553***	0.0448***	0.0540***
	(4.407)	(5.256)	(4.432)
$lnGDP_{jt}$	1.0975***	1.0484***	1.1093***
	(6.586)	(6.966)	(6.524)
$lnPGDP_{jt}$	0.1389	0.1876	0.1328
	(1.057)	(1.548)	(1.002)
$lnGDP_{it}$	1.3330***	1.2678***	1.3431***
	(10.236)	(12.208)	(10.245)
$lnDis_{ij}$	-0.5242***	-0.5197***	-0.5232***
	(-4.486)	(-4.245)	(-4.441)
FC_t	-0.2701***	-0.2628***	-0.2712***
	(-7.943)	(-7.823)	(-7.822)
_cons	-55.2196***	-52.3143***	-55.7538***
	(-8.780)	(-11.578)	(-8.693)
N	171	171	171
校正的R^2	0.9747	0.9758	0.9748

注：*表示在10%的置信水平下显著，**表示在5%的置信水平下显著，***表示在1%的置信水平下显著。下同。
资料来源：笔者利用Stata12.0软件计算。

另外，考虑到发达国家和发展中国家发展水平不同，中国资本在当地对母国的作用效果会有所不同，将发达国家和发展中国家两个子样本分别进行了回归分析，具体结果如表4-3和表4-4所示。表4-3和表4-4中，$lnOFDI_{ijt}$的系数符号和显著性不发生变化，说明分样本情形下中国制造业水平OFDI和垂直OFDI显著促进出口增加值提升的结论不发生变化,且无论是发达国家还是发展中国家样本的回归结果均显示,垂直 OFDI 对出口增加值的促进作用远高于水平 OFDI,这一差距在发展中国家表现得更为突出。出口增加值对人均收入水平的回归系数仅在发展中国家样本显著,间接说明相较于发达国家中国更倾向于向发展中国家出口廉价必需品。除东道国人均收入变量外,其他变量系数的符号和显著性与总体样本回归差异不大,结果比较稳健。

表 4-3　　　　　　　　发达国家样本回归结果

变量	总体 OFDI	水平 OFDI	垂直 OFDI
$\ln OFDI_{ijt}$	0.0649 ***	0.0326 ***	0.0662 ***
	(3.659)	(3.698)	(3.672)
$\ln GDP_{jt}$	0.7570 ***	0.7465 ***	0.7613 ***
	(4.111)	(6.098)	(4.135)
$\ln PGDP_{jt}$	1.2212 ***	1.1840 ***	1.2147 ***
	(4.429)	(3.335)	(4.488)
$\ln GDP_{it}$	0.9821 ***	1.1215 ***	0.9756 ***
	(5.018)	(7.239)	(4.934)
$\ln Dis_{ij}$	-0.4738 ***	-0.4365 ***	-0.4771 ***
	(-2.919)	(-3.001)	(-2.960)
FC_t	-0.1832 ***	-0.2089 ***	-0.1808 ***
	(-4.010)	(-4.194)	(-3.930)
_cons	-47.6709 ***	-50.7811 ***	-47.5174 ***
	(-5.792)	(-10.579)	(-5.761)
N	108	108	108
校正的 R^2	0.9859	0.9835	0.9861

资料来源:笔者利用 Stata12.0 软件计算。

(二) 时间滞后效应

从事 OFDI 的企业在海外设立分(子)公司影响母国出口增加值存在时滞。对水平 OFDI 来说,初始投资从母国进口生产设备一般体现在短期,当地销售对母国出口增加值的替代效应和母国产品影响力提升对出口增加值的互补效应主要体现在中长期,因为水平

OFDI通常涉及较大规模的固定资产投资，其产品在当地正式生产销售需要较长时间的前期设厂、营销等准备。对垂直OFDI而言，前期固定投资相对较少，对母国出口增加值的影响时滞相对较小。因此本节主要考察OFDI对出口增加值的时间滞后效应。

表4-4报告了发达国家和发展中国家样本的出口增加值对水平OFDI资本存量回归的结果[1]。发达国家样本的回归结果显示，中国制造业的水平OFDI的滞后一期变量促进了出口增加值上升，而滞后二期和三期变量对出口增加值没有影响，说明水平OFDI仅在短期对出口增加值有互补效应，在长期水平OFDI的效应不显著。发展中国家样本回归结果显示，水平OFDI滞后一期、二期、三期变量对出口增加值均有正向影响，说明在长期中国制造业对发展中国家的水平OFDI促进了本国的出口增加值增长。与发达国家相比，中国更易在发展中国家通过水平OFDI的方式增强本国产品的影响力，所以分样本回归结果的水平OFDI长期效应差异较大。

表4-4　　　　　　　发展中国家样本回归结果

变量	总体OFDI	水平OFDI	垂直OFDI
$\ln OFDI_{ijt}$	0.1107*** (3.073)	0.0610*** (3.647)	0.0935*** (2.726)
$\ln GDP_{jt}$	0.5434*** (4.484)	0.9973*** (2.818)	0.5844*** (3.653)
$\ln PGDP_{jt}$	-0.0070 (-0.149)	0.0306 (0.313)	-0.0130 (-0.209)
$\ln GDP_{it}$	1.8177*** (9.668)	1.5227*** (6.188)	1.8982*** (10.367)
$\ln Dis_{ij}$	-0.5675*** (-23.305)	-0.5504*** (-8.481)	-0.5629*** (-16.948)
FC_t	-0.3810*** (-4.396)	-0.2875*** (-4.300)	-0.3910*** (-4.526)

---

[1] 完整回归结果见附表1。

续表

变量	总体 OFDI	水平 OFDI	垂直 OFDI
_cons	-52.1582***	-56.2551***	-55.3169***
	(-8.534)	(-6.838)	(-8.456)
N	63	63	63
校正的 R^2	0.9440	0.9533	0.9439

资料来源：笔者利用 Stata12.0 软件计算。

出口增加值对垂直 OFDI 资本存量回归的结果如表 4-6 所示①。发达国家样本回归结果显示，垂直 OFDI 滞后一期、二期、三期变量的回归系数都显著为正，表明对发达国家的垂直 OFDI 对出口增加值具有显著持续的促进作用，证实上游生产环节海外布局型垂直 OFDI 对出口增加值的替代效应小于下游生产环节海外布局型垂直 OFDI 对出口增加值的互补效应和成本降低的出口创造效应。发展中国家样本回归结果显示，除垂直 OFDI 资本存量的滞后一阶变量对出口增加值有显著正向作用外，其他滞后阶变量的影响均不显著，说明在长时期内中国在发展中国家的垂直 OFDI 对母国的出口增加值没有起到促进作用，可能是因为此类 OFDI 多为获得上游生产环节所需的资源，它的替代效应抵消了互补效应和创造效应，通过实证分析发现此类 OFDI 降低了出口增加值中的资源行业增加值占比，支持上述解释。

表 4-5　　　　　　　　　水平 OFDI 滞后效应

变量	发达国家			发展中国家		
L1.ln$OFDI\_SP$	0.0207***			0.0390***		
	(2.617)			(3.049)		
L2.ln$OFDI\_SP$		0.0146			0.0279**	
		(1.463)			(2.061)	
L3.ln$OFDI\_SP$			0.0030			0.0219***
			(0.622)			(3.044)
其他变量	控制	控制	控制	控制	控制	控制

---

① 完整回归结果见附表 2。

续表

变量	发达国家			发展中国家		
N	96	84	72	56	49	42
校正的R^2	0.9868	0.9910	0.9924	0.9533	0.9478	0.9573

资料来源：笔者利用Stata12.0软件计算。

表4-6　　　　　　　　　垂直OFDI滞后效应

变量	发达国家			发展中国家		
L1.ln*OFDI*_CZ	0.0461*** (2.858)			0.0493* (1.825)		
L2.ln*OFDI*_CZ		0.0285* (1.772)			0.0187 (0.909)	
L3.ln*OFDI*_CZ			0.0144* (1.685)			-0.0086 (-0.743)
其他变量	控制	控制	控制	控制	控制	控制
N	96	84	72	56	49	42
校正的R^2	0.9882	0.9915	0.9927	0.9465	0.9462	0.9584

资料来源：笔者利用Stata12.0软件计算。

二　结构效应分析

（一）水平OFDI的结构效应分析

回归结果分别如表4-7和表4-8所示。通过分析水平OFDI对出口增加值资源行业占比和生产性服务业占比的影响，识别水平OFDI的结构效应。

表4-7　　　制造业水平OFDI对出口内含资源行业增加值的影响

变量	(1) 出口内含资源行业增加值	(2) 出口内含资源行业增加值	(3) 出口内含资源行业增加值	(4) 出口内含资源行业增加值
ln*OFDI*_SP	0.0541*** (5.409)			
L1.ln*OFDI*_SP		0.0279*** (4.025)		

续表

变量	（1）出口内含资源行业增加值	（2）出口内含资源行业增加值	（3）出口内含资源行业增加值	（4）出口内含资源行业增加值
$L2.\ln OFDI\_SP$			0.0170 **	
			(2.197)	
$L3.\ln OFDI\_SP$				0.0113 *
				(1.865)
其他变量	控制	控制	控制	控制
N	171	152	133	114
校正的 R^2	0.9784	0.9826	0.9858	0.9871
出口增加值系数	0.0448 ***	0.0303 ***	0.0212 ***	0.0124 **
	(5.256)	(4.181)	(2.647)	(2.303)

资料来源：笔者利用Stata12.0软件计算。

表 4-7 的结果汇报了出口内含资源行业增加值对水平 OFDI 资本存量及其滞后项回归的系数估计结果①，出口增加值系数是指出口增加值对水平 OFDI 及其滞后项回归的系数估计结果。通过比较出口内含资源行业增加值的回归系数和出口增加值回归系数发现，虽然当期水平 OFDI 对出口内含资源行业增加值的促进作用大于出口增加值，但滞后期对出口内含资源行业增加值的促进作用小于出口增加值，说明在中长期水平 OFDI 通过产业转移和产业转型升级降低了国内制造业生产对资源投入的过度依赖，降低了资源行业占比，有利于出口增加值结构优化。

如表 4-8 所示②，$\ln OFDI\_SP$ 及其滞后项的回归系数表明，无论在短期还是长期，水平 OFDI 资本存量对出口内含生产性服务业增加值的促进作用都大于对出口增加值的促进作用，同样有利于出口增加值结构优化。机制部分的分析表明，长期的出口增加值结构变化是由跨国流动性较差的生产要素跨行业流动所致，由于技术密集

---

① 完整回归结果见附表3。
② 完整回归结果见附表4。

度越高的行业其出口增加值资源行业占比越低、生产性服务业占比越高，因此出口增加值资源行业占比下降、生产性服务业占比上升表明国内"闲置"生产要素由低技术行业向高技术行业流动，是国内产业转型升级的表现。

表4-8 制造业水平OFDI对出口内含生产性服务业增加值的影响

变量	(1) 出口内含生产性服务业增加值	(2) 出口内含生产性服务业增加值	(3) 出口内含生产性服务业增加值	(4) 出口内含生产性服务业增加值
ln$OFDI\_SP$	0.0486*** (5.342)			
$L1.\ln OFDI\_SP$		0.0365*** (4.483)		
$L2.\ln OFDI\_SP$			0.0258*** (2.798)	
$L3.\ln OFDI\_SP$				0.0134** (2.055)
其他变量	控制	控制	控制	控制
N	171	152	133	114
校正的R^2	0.9749	0.9779	0.9823	0.9865
出口增加值系数	0.0448*** (5.256)	0.0303*** (4.181)	0.0212*** (2.647)	0.0124** (2.303)

资料来源：笔者利用Stata12.0软件计算。

（二）垂直OFDI的结构效应分析

本章对中国制造业垂直OFDI影响出口增加值结构的分析侧重在垂直OFDI是否有利于母国形成"总部经济"上。"总部经济"是跨国公司在全球范围内布局生产的产物，实际上是跨国公司母公司对跨国分（子）公司提供研发、财务、咨询、管理等服务，表现在产业发展上是生产性服务业对制造业的贡献上升，表现在出口增加值结构上是生产性服务业尤其是高端生产性服务业占比提升。出口内含生产性服务业增加值对垂直OFDI资本存量回归的结果如表 4-9 所示①,最后两行列出了出口增加值对垂直 OFDI 回归的估计系数,通过系数比较可知,垂直 OFDI 的当期和滞后一期对出口内含生产性服务业增加值的促进作用大于对出口增加值的促进作用,且滞后三期对出口内含生产性服务业增加值的影响显著为正,表明垂直 OFDI 提升了生产性服务业占比,改善了出口增加值结构。

表 4-9　　　　制造业垂直 OFDI 对出口内含生产性服务业增加值的影响

变量	(1) 出口内含生产性服务业增加值	(2) 出口内含生产性服务业增加值	(3) 出口内含生产性服务业增加值	(4) 出口内含生产性服务业增加值
ln$OFDI\_CZ$	0.0595 *** (4.456)			
$L1.$ln$OFDI\_CZ$		0.0391 *** (2.994)		
$L2.$ln$OFDI\_CZ$			0.0222 * (1.725)	
$L3.$ln$OFDI\_CZ$				0.0019 (0.181)
其他变量	控制	控制	控制	控制
N	171	152	133	114
校正的R^2	0.9733	0.9770	0.9819	0.9863
出口增加值系数	0.0540 *** (4.432)	0.0317 *** (2.700)	0.0146 (1.233)	-0.0049 (-0.518)

资料来源:笔者利用 Stata12.0 软件计算。

进一步将出口内含高端生产性服务业增加值对垂直 OFDI 及其滞后项回归,结果如表 4-10 所示②:首先,系数比较发现垂直 OFDI 对出口内含高端生产性服务业增加值的促进作用大于对出口

---

① 完整回归结果见附表 5。
② 完整回归结果见附表 6。

增加值的促进作用，说明垂直 OFDI 能够提升高端生产性服务业占比；其次，垂直 OFDI 对高端生产性服务业增加值的正向促进作用大于对生产性服务业增加值的正向效应，表明垂直 OFDI 更有利于高端生产性服务业占比提升。综合来看，中国制造业的垂直 OFDI 有利于本国"总部经济"的发展，优化了出口增加值结构。

表 4-10　　制造业垂直 OFDI 对出口内含高端生产性服务业增加值的影响

变量	(1) 出口内含高端生产性服务业增加值	(2) 出口内含高端生产性服务业增加值	(3) 出口内含高端生产性服务业增加值	(4) 出口内含高端生产性服务业增加值
$\ln OFDI\_CZ$	0.0757*** (4.960)			
$L1.\ln OFDI\_CZ$		0.0493*** (3.465)		
$L2.\ln OFDI\_CZ$			0.0251* (1.861)	
$L3.\ln OFDI\_CZ$				0.0050 (0.452)
其他变量	控制	控制	控制	控制
N	171	152	133	114
校正的 R^2	0.9678	0.9753	0.9797	0.9842
出口增加值系数	0.0540*** (4.432)	0.0317*** (2.700)	0.0146 (1.233)	-0.0049 (-0.518)

资料来源：笔者利用 Stata12.0 软件计算。

三　行业异质性

不同技术密集度行业的产品增加值构成差别较大，中高技术行业产品的制造业占比较高，生产性服务业增加值多来自金融、研发等高端产业，若 OFDI 提升了生产性服务业在出口增加值中的比例，则说明 OFDI 有利于中高技术行业产品增加值结构优化和产业升级。中低技术行业产品的资源行业占比相对较高，若 OF-

DI降低了资源行业在出口增加值中的比重，则说明OFDI优化了产品增加值结构、促进了中低技术行业的产业升级。低技术行业产品的生产性服务业占比较高，此类生产性服务业多为劳动密集型服务业，若OFDI降低了生产性服务业占比，则说明OFDI优化了产品增加值结构、促进了低技术行业产业升级。基于上述分析，本节实证分析中国制造业OFDI对不同行业出口产品增加值构成的影响差异，并判断中国OFDI是否优化了相关产业出口增加值结构。

（一）中高技术行业OFDI的出口增加值结构效应

表4-11呈现了中高技术行业OFDI对出口增加值中资源行业、制造业和生产性服务业的回归分析结果。就发达国家样本而言，水平OFDI对三大行业增加值的促进作用呈现出递增的趋势，无论在短期或是长期水平OFDI对出口内含生产性服务业增加值的影响系数均大于其他行业，说明水平OFDI不仅促进了出口内含生产性服务业增加值绝对数的增长，还提升了生产性服务业在出口增加值中的占比。中高技术产业出口中生产性服务业多为高端服务业，生产性服务业占比提升意味着中高技术产业结构的优化。中国对发达国家的垂直OFDI在短期和中期均促进了出口内含资源行业、制造业、生产性服务业增加值，平均而言垂直OFDI对出口内含生产性服务业增加值的回归系数大于其他两个行业，说明垂直OFDI提升了生产性服务业在出口增加值中的占比，优化了中高技术行业的出口增加值结构。对于发展中国家样本，水平OFDI对三大行业增加值没有明显效应，垂直OFDI对出口内含资源行业、制造业和生产性服务业增加值的当期效应为正，滞后期效应不显著。本节实证结果说明，中高技术行业对发达国家的水平OFDI和垂直OFDI均优化了出口增加值结构。

表4-11　　　　　　中高技术行业OFDI的出口增加值结构效应

国家类型	OFDI类型	增加值构成	当期	滞后一期	滞后二期	滞后三期	其他变量
发达国家	水平OFDI	资源行业	0.019 1.34	0.023** 2.06	0.026** 2.21	0.022* 1.75	控制
		制造业	0.019 1.29	0.023* 1.88	0.025* 1.94	0.022 1.64	控制
		生产性服务业	0.025 1.41	0.031** 2.19	0.030** 2.04	0.025* 1.77	控制
	垂直OFDI	资源行业	0.075*** 3.92	0.045** 2.52	0.036* 1.95	0.020 1.15	控制
		制造业	0.047*** 2.66	0.040** 2.11	0.036* 1.78	0.021 1.05	控制
		生产性服务业	0.063*** 3.22	0.053*** 2.53	0.046** 2.04	0.025 1.12	控制
发展中国家	水平OFDI	资源行业	0.010 0.29	-0.003 -0.10	-0.015 -0.27	-0.055 -0.93	控制
		制造业	0.014 0.47	0.001 0.04	-0.001 -0.02	-0.048 -0.86	控制
		生产性服务业	0.017 0.56	0.005 0.17	-0.003 -0.06	-0.052 -0.90	控制
	垂直OFDI	资源行业	0.072*** 2.78	0.031 1.45	0.011 0.73	0.008 0.88	控制
		制造业	0.045* 1.71	0.022 0.97	0.008 0.50	0.41 0.61	控制
		生产性服务业	0.055** 2.12	0.032 1.39	0.018 1.03	0.016 1.54	控制

资料来源：笔者利用Stata12.0软件计算。

（二）中低技术行业OFDI的出口增加值结构效应

中国中低技术行业OFDI对出口增加值结构的影响如表4-12所示。中低技术行业相较其他两类产业在资源使用上更加密集，而资源产业增加值占比下降、其他两类产业增加值占比上升意味着该产业

表 4-12　　中低技术行业 OFDI 的出口增加值结构效应

国家类型	OFDI类型	增加值构成	当期	滞后一期	滞后二期	滞后三期	其他变量
发达国家	水平OFDI	资源行业	0.006 0.97	0.008 1.51	0.011 1.04	-0.005 -0.92	控制
		制造业	0.008 1.16	0.006 1.19	0.007 0.70	-0.008 -1.51	控制
		生产性服务业	0.013* 1.91	0.012* 1.80	0.011 0.96	-0.006 -1.08	控制
	垂直OFDI	资源行业	0.020 1.15	-0.002 -0.21	0.003 0.44	0.007 0.73	控制
		制造业	0.016 1.14	0.003 0.30	0.006 0.91	0.008 0.93	控制
		生产性服务业	0.016 1.04	0.005 0.40	0.010 1.21	0.009 0.90	控制
发展中国家	水平OFDI	资源行业	-0.011 -0.53	-0.007 -0.65	-0.013 -1.45	-0.026** -1.99	控制
		制造业	0.014 1.11	0.011* 1.70	0.003 0.63	-0.014 -1.02	控制
		生产性服务业	0.012 0.76	0.010 1.14	-0.001 -0.11	-0.021 -1.60	控制
	垂直OFDI	资源行业	0.047*** 4.64	0.030*** 2.99	0.030** 2.37	0.020 1.41	控制
		制造业	0.054*** 8.07	0.038*** 3.02	0.034** 2.43	0.024* 1.93	控制
		生产性服务业	0.055*** 10.07	0.046*** 3.34	0.046** 3.04	0.030** 2.27	控制

资料来源：笔者利用 Stata12.0 软件计算。

出口增加值结构优化、产业升级出现。表 4-12 实证结果显示，在发达国家的水平 OFDI 显著地促进了出口内含生产性服务业增加值的提升，虽然对出口内含资源行业、制造业增加值的影响系数不显著，但数值大小显示水平 OFDI 对出口内含资源行业增加值正向效应最小，降低了出口增加值资源行业占比，对中低技术行业产业优化起到了促进作用。在短期和中期，流向发达国家的垂直 OFDI 对出口内含的各行业增加值没有显著影响，在滞后第四期，垂直 OFDI 显著提升了出口内含生产性服务业增加值，对出口内含制造业增加值的促进作用大于出口内含资源行业增加值，有利于中低技术行业的产业结构优化。对发展中国家而言，水平 OFDI 在短期和中期对出口增加值构成没有显著的影响，但滞后第四期时显著地抑制了本国的出口增加值，对资源行业的抑制作用较其他两个行业更强，说明中低技术行业对发展中国家的水平 OFDI 可能是资源获取型的，资源密集度较高的产业转移引起资源行业在出口增加值中的占比下降；垂直 OFDI 对出口内含生产性服务业和制造业增加值的促进作用大于对出口内含资源行业增加值的促进作用，说明对发展中国家的垂直 OFDI 能优化中低技术行业的出口增加值结构。总的来看，中国中低技术行业的 OFDI 促进了该行业的出口增加值结构和产业结构的优化，流向发展中国家的水平 OFDI 将资源投入较为密集的行业转移到海外，流向发展中国家的垂直 OFDI 促进了母国财务、金融、研发等具有总部特色的生产性服务业发展，推动了中国的产业升级。

（三）低技术行业 OFDI 的出口增加值结构效应

中国低技术行业 OFDI 对出口内含资源行业、制造业、生产性服务业增加值的回归结果如表 4-13 所示。如前文分析，中国的低技术行业是劳动密集型行业，生产性服务业占比较大，制造业占比过小，当该行业投入更多的制造中间品、更少的劳动时，该行业就出现了产业优化升级，出口增加值结构也得到优化。回归结果显示，低技术行业对发达国家的水平 OFDI 促进了出口内含资源行业、制造业、生产性服务业的增加值增长，但对出口内含生产性服务业增加值的促进作用较其他两个行业更大，不利于该行业出口增加值结构优化。对发达国家的垂直 OFDI 在提升出口内含资源行业、制造业增加值的同时，对出口内含生产性服务业的增加值有显著抑制作用，说明此种类型的 OFDI 能够显著降低该行业出口内含生产性服务业增

表 4 – 13　　　　低技术行业 OFDI 的出口增加值结构效应

国家类型	OFDI类型	增加值构成	当期	滞后一期	滞后二期	滞后三期	其他变量
发达国家	水平OFDI	资源行业	0.026 1.37	0.025 1.04	0.012 1.17	0.009 1.47	控制
		制造业	0.025 1.59	0.021 1.14	0.013 1.53	0.008 1.38	控制
		生产性服务业	0.062** 2.50	0.064** 2.03	0.013 0.67	0.008 1.14	控制
	垂直OFDI	资源行业	0.024* 1.74	0.007 0.75	-0.004 -0.45	-0.007 -0.51	控制
		制造业	0.030** 2.35	0.013 1.39	0.001 0.13	-0.005 -0.47	控制
		生产性服务业	-0.007 -0.46	-0.038*** -2.74	-0.036* -1.84	-0.012 -0.44	控制
发展中国家	水平OFDI	资源行业	0.084 1.16	0.079 1.17	0.103 1.38	0.082 1.40	控制
		制造业	0.089 1.24	0.085 1.28	0.105 1.42	0.082 1.38	控制
		生产性服务业	0.058 0.74	0.061 0.86	0.100 1.30	0.074 1.25	控制
	垂直OFDI	资源行业	0.041** 2.26	0.017 1.63	0.007 0.40	0.016 0.42	控制
		制造业	0.046** 2.41	0.024** 1.97	0.013 0.79	0.016 0.49	控制
		生产性服务业	0.025 1.63	-0.021* -1.79	-0.017 -0.51	0.011 0.20	控制

资料来源：笔者利用 stata12.0 软件计算。

加值占比，推动该行业出口增加值结构优化和产业升级。流向发展中国家的水平 OFDI 对出口内含生产性服务业增加值的促进作用略小于其他两大行业，但均不显著，说明对发展中国家的水平 OFDI 对低技术产业结构升级仅有温和作用。中国对发展中国家的垂直 OFDI 在短期对出口内含资源行业和制造业的增加值有正向效应,但对出口内含生产性服务业增加值没有显著作用,在中期垂直 OFDI 对出口内含生产性服务业增加值效应为负,长期的正向效应也远小于其他两大行业,说明对发展中国家的垂直 OFDI 优化了出口增加值结构、促进了该产业升级。总的来看,中国低技术行业对发达国家和发展中国家的垂直 OFDI 均能够改善出口增加值结构。

四 稳健性检验

为证实面板随机效应模型估计的稳健性,本节将 OFDI 资本存量的滞后一阶变量作为工具变量按照总样本和分样本对式(4-1)重新估计,比较回归结果与表 4-2 的差异性,若差别不大则表 4-2 的估计结果是稳健的[①]。具体估计结果如表 4-14 所示,识别不足检验和弱识别检验结果基本可以确定 OFDI 资本存量的滞后一阶项是合适的工具变量,核心变量 OFDI 资本存量的系数方向、显著性基本与表 4-2 的结果一致,中国在发达国家、发展中国家的 OFDI 资本存量均能够显著提升本国的出口增加值,且垂直 OFDI 对出口增加值的促进作用大于水平 OFDI。东道国需求水平、母国供给能力、地理距离、金融危机的符号与理论预期及表 4-2 一致,人均收入水平在发达国家和发展中国家的不同表现也与表 4-2 一致。工具变量法的 2SLS 回归结果显示,本章采用随机效应模型对式(4-1)的估计结果是比较稳健的。

表 4-14 工具变量 2SLS 稳健性检验

变量	制造业总体 OFDI	制造业水平 OFDI	制造业垂直 OFDI
$\ln OFDI_{ijt}$	0.094 **	0.214 ***	0.103 ***
	2.41	2.84	2.79

---

① 2010 年中国对韩国的 OFDI 流量为 -7.21 亿美元,使得当年制造业在韩国资本存量出现较大波动,极大地影响了滞后一阶项作为工具变量的有效性,因此工具变量稳健性检验剔除了韩国这一样本,但估计结果依然具有参考价值。

续表

变量	制造业总体 OFDI	制造业水平 OFDI	制造业垂直 OFDI
$\ln GDP_{jt}$	0.799 ***	0.769 ***	0.805 ***
	6.22	8.59	6.30
$\ln PGDP_{jt}$	0.126	−0.030	0.116
	1.28	−0.48	1.18
$\ln GDP_{it}$	1.165 ***	0.560	1.121 ***
	5.88	1.35	5.78
$\ln Dis_{ij}$	−0.494 ***	−0.523 ***	−0.476 ***
	−3.10	−5.49	−2.97
FC_t	−0.243 ***	−0.188	−0.245 ***
	−3.67	−1.31	−3.73
_cons	−15.18 ***	−5.89	−15.20 ***
	−4.48	−1.02	−4.76
N	19	13	19
T	8	6	8
Wald 值	429.54	159.87	436.95

资料来源：笔者利用 Stata12.0 软件计算。

第五节 小结

本章认为全球价值链分工模式下国家出口总值不能代表国内生产的出口，因此从出口增加值的角度研究了 OFDI 对国内生产出口的影响，发现水平 OFDI 和垂直 OFDI 对出口增加值的规模和结构具有差异化的影响机制，并利用中国制造业出口和 OFDI 资本存量的跨国面板数据进行了实证分析，主要有以下结论：

1. 中国制造业水平 OFDI 和垂直 OFDI 对出口增加值有显著的规模效应。中国制造业 OFDI 总体上有利于出口增加值提升，总样本和分样本实证结果都表明垂直 OFDI 对出口增加值的促进效应大于水平 OFDI。从时效性来看，中国制造业对发展中国家的水平 OFDI 具有显著且持续的促进作用，而对发达国家这种持续效果不显著，说明中国企业在发展中国家的生产经营更有利于增强中国产品的影响力；中国制造业对发达国家的垂直 OFDI 具有显著且持续的促进作用，而对发展中国家这种持续效果不显著，说明对发达国家下游生产环节布局型垂直 OFDI 的互补效应大于上游生产环节布局型垂直 OFDI 的替代效应。

2. 中国制造业水平和垂直 OFDI 对出口增加值有结构优化效应。水平 OFDI 的结构优化效应主要表现在降低了出口增加值中的资源行业占比、提升了生产性服务业占比上，是通过低技术密集度产业向国外转移、国内跨国流动性较差要素向高技术密集度产业转移实现的。垂直 OFDI 显著地促进了生产性服务业占比提升，对金融、研发、咨询等高端生产性服务业占比的促进效应更为明显，表明中国制造业跨国公司以垂直 OFDI 方式在全球组织生产促进了母国"总部服务经济"的形成及高端服务业对制造业发展的良性互动。

3. OFDI 对出口增加值行业结构的效应具有行业异质性。具体而言，对中高技术行业而言，流向发达国家的水平 OFDI 和垂直 OFDI 对出口内含生产性服务业增加值的促进作用大于资源行业和制造业，优化了其增加值结构。对中低技术行业而言，流向发展中国家的水平 OFDI 带动了资源密集型产业的转移，在发展中国家的垂直 OFDI 提升了出口增加值中制造业和生产性服务业占比，优化了中低技术行业产业结构。对低技术行业而言，生产性服务业占比越高，代表劳动密集度越高，对发达国家和发展中国家的垂直 OFDI 均降低了该行业出口增加值中生产性服务业占比，促进了低技术行业产业升级。

第 五 章

中国对外直接投资对出口增加值劳动结构的影响

第一节 问题提出

中国如何由贸易大国迈向贸易强国引起了各界的广泛关注和讨论（郑宝银，2011；赵蓓文，2013；王佳宁等，2016；张幼文，2016），其中出口贸易结构转型升级是重要内容。目前，国内学者从技术结构和行业结构两方面研究了中国出口和出口增加值的贸易结构问题。江小涓（2007）和鲁晓东、李荣林（2007）研究了出口贸易的行业和商品结构特征。在全球价值链分工深化背景下，国内生产出口用出口增加值才能准确衡量，倪红福（2017）构建了基于生产工序的出口技术含量测算方法，研究了出口增加值的技术结构问题，樊茂清和黄薇（2014）、刘海云和毛海欧（2016）基于世界投入产出数据库（WIOD）测算了出口增加值的行业构成结构。总体而言，出口贸易结构研究虽然由总出口转向出口增加值，但基本还是集中在技术结构和行业结构上，尚未深入到要素结构层面。

贸易要素含量反映了国家的贸易模式和比较优势。Vanek（1968）首先提出"贸易的要素含量"（factor content of trade）这个概念，并将以商品为研究对象的 Heckscher-Ohlin 模型扩展为以生产要素为研究对象的 Heckscher-Ohlin-Vanek（HOV）模型，认为商品流动的本质是要素流动，一国贸易要素含量特征比贸易商品特征更清晰、更本质地显示一国贸易比较优势所在。因此，为准确揭示贸易模式和比较优势来源，贸易结构分析深入到贸易要素结构很有必要。知识是推动经济发展、产业发展的生产要素，知识要素在生产投入中的重要载体是人力资本，人力资本投入相对增加意味着产业转型升级（代谦、别朝霞，2006）。技术劳动与非技术劳动的区别在人力资本水平不同，劳动要素投入结构转变意味着人力资本和知识要素投入发生变化，更意味着出口产业转型升级发生。因此，本章借鉴 Trefler 和 Zhu（2010）、Stehrer 等（2010）提出的基于 WIOD 数据测算出口内含要素方法，进一步构建出口增加值劳动结构指标，用出口内含的劳动结构变化识别出口产业结构的转型升级状态，揭示 OFDI 与母国出口产业升级的关系。

关于 OFDI 与母国劳动力市场关系的研究从劳动结构转换方面深层次地揭示了 OFDI 与出口产业升级的内在关系。Helpman（1985）、Yeaple（2006）、Antras 和 Yeaple（2013）的研究认为，发达国家跨国公司通过 OFDI 的方式在全球范围内安排生产，利用要素相对价格差异实现资源最优配置，将非技术劳动密集环节转出至发展中国家，在母国专业分工技术劳动密集、处于价值链高端的生产环节。Feenstra 和 Hanson（1995，1997）的研究发现（以下简称 F–H 模型），发达国家 OFDI 将国内技术劳动密集度相对低的环节转移至发展中国家，则国内产业的技术劳动密集度上升，提高了技术劳动相对需求，扩大了技术劳动与非技术劳动相对工资差距。进一步的，工资差距增大提高了技术劳动供给，提高了整体人力资本水平，实现了产业优化升级。从研究和建模的本质特征来说，F–H 模型研究对象为顺分工梯度 OFDI，缺乏对逆分工梯度 OFDI 的探讨。

中国作为经济快速发展的发展中国家，顺、逆分工梯度 OFDI 同时存在，与发达国家的 OFDI 存在较大差异。举个简单的例子，中国可以利用顺分工梯度 OFDI 将资源密集环节布局到其他国家，降低母国产业的资源投入密度，促进母国产业升级，这一点与发达国家相似。但中国也可以进行逆分工梯度 OFDI，将研发设计等环节布局到发达国家，强化母国在国际分工中的"制造加工基地"角色，抑制母国产业升级，这一点却与发达国家不同。经典理论阐述了顺分工梯度 OFDI 与产业升级的关系，忽略了逆分工梯度 OFDI 与母国产业发展的关系。因此，本章以发展中国家为分析对象，基于 F－H 模型，拓展仅存在发达国家向发展中国家单向 OFDI 的假设，同时考虑顺—逆分工梯度 OFDI，研究两种 OFDI 对母国产业的差异化影响，为制定有针对性的 OFDI 政策提供理论支撑。

本章内容安排为：首先，改进和拓展 F－H 模型，拓展单向 OFDI 假设，研究顺—逆分工梯度 OFDI 对母国出口增加值劳动结构影响。其次，采用中国对 64 国的出口和 OFDI 面板数据，实证检验 OFDI 与母国出口增加值劳动结构的关系及内在机理。最后，总结主要结论，揭示本章对中国贸易结构转型升级和优化 OFDI 的启示意义。

第二节　理论模型

在现实经济世界中，不同跨国公司在不同国家的投资回报率不同，且国家间的双向 OFDI 广泛存在，因此，本章拓展了 F－H 模型中只存在发达国家向发展中国家单向 OFDI 的假定，以发展中国家为研究对象，分析顺—逆分工梯度 OFDI 与母国出口转型升级的关系。同时，F－H 模型研究的是 OFDI 与技术劳动、非技术劳动相对工资差距问题，本章在原模型的基础上更进一步，研究了 OFDI 与出口增加值劳动结构的关系。

一 模型设置

假设存在南方国 S 和北方国 N 两个国家，三种要素投入：非技术劳动、技术劳动和资本，两国三种要素禀赋分别为 L_i、H_i、K_i，$i = \{S, N\}$，劳动要素报酬分别为 w_i、q_i，N 国技术劳动与非技术劳动的相对工资较 S 国更低 $\frac{q_N}{w_N} < \frac{q_S}{w_S}$，劳动供给随着相对工资的变化而变化：$L'_i(q_i/w_i) \leq 0$，$H'_i(q_i/w_i) \geq 0$，劳动要素不可跨国流动。资本可跨国流动，利率为 r_i，S 国资本在本国的回报为 r_S，在 N 国的回报为 $r_N + p_N$，N 国资本在本国的回报为 r_N，在 S 国的回报为 $r_S + p_S$，p_i 表明海外资本正外部性所带来的额外回报，且 $r_S < r_N + p_N$，$r_N < r_S + p_S$，在此假设下，双边跨国资本流动存在。①

两国均能够生产中间品 $x(z)$，$z \in [0, 1]$，$x(z)$ 的生产函数为：

$$x(z) = A_i \left[\min\left\{\frac{L(z)}{a_L(z)}, \frac{H(z)}{a_H(z)}\right\} \right]^{\theta}$$
$$[K(z)]^{1-\theta}, \quad i = S \text{ or } N \quad (5-1)$$

其中，A_i 表示两国的技术水平，本章假设中性技术进步，由于 OFDI 资本具有逆向技术溢出效应，A_i 为本国 OFDI 的函数，$dA_i = dA_i(OFDI_i)$，$\frac{\partial dA_i}{\partial OFDI_i} > 0$。$I(z) = \min\left\{\frac{L(z)}{a_L(z)}, \frac{H(z)}{a_H(z)}\right\}$ 表示生产 $x(z)$ 所需的中间投入品，单位 $I(z)$ 需要 $a_L(z)$ 单位非技术劳动和 $a_H(z)$ 单位技术劳动投入，$a_H(z)/a_L(z)$ 随着 z 的增加而增大。单位 $x(z)$ 的最小生产成本为：

$$c(w_i, q_i, r_i; z) = B_i [w_i a_L(z) + q_i a_H(z)]^{\theta} r_i^{1-\theta}, \quad (5-2)$$

---

① 在 Feenstra (1995) 和本章中，利率是指直接投资带来的利润回报，而非间接投资的资本回报，且母国资本和东道国资本具有异质性，母国资本在东道国除了获得平均回报 r_S 或 r_N，还获得公司跨国经营额外回报，这种额外回报可能由规模经济或技术溢出所致。这一假设更加贴近经济现实。

其中 $B_i \equiv \theta^{-\theta}(1-\theta)^{-(1-\theta)}A_i^{-1}$

对既定的劳动报酬而言，$c(w_i, q_i, r_i; z)$ 是关于 z 的连续函数。S 国和 N 国的成本函数特征如图 5-1 所示，分别为曲线 $c_S c_S$ 和 $c_N c_N$，成本函数曲线的斜率是不确定的。为保证跨国分工存在，假设下列关系成立：在技术劳动投入占比较高的行业，$c_S c_S$ 曲线在 $c_N c_N$ 曲线上方；反之，在非技术劳动投入占比较高的行业，$c_S c_S$ 曲线在 $c_N c_N$ 曲线下方。

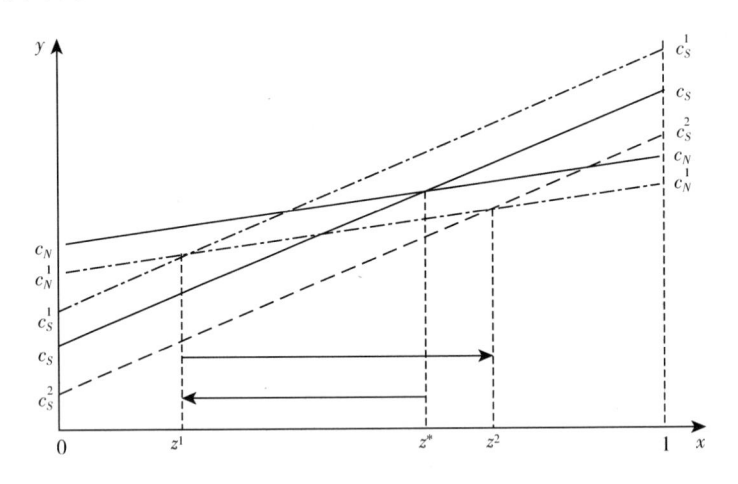

图 5-1 逆分工梯度 OFDI 对产业升级的影响

S 国和 N 国利用中间品 $x(z)$ 生产差异化的最终需求品 Y_S 和 Y_N，Y_S 和 Y_N 的生产函数相同：

$$\ln Y_i = \int_0^1 \alpha(z) \ln x(z) \, dz, \quad \int_0^1 \alpha(z) \, dz = 1 \quad (5-3)$$

两国居民同时消费两种最终需求品，效用函数为：

$$U = Y_S^{1/2} Y_N^{1/2} \quad (5-4)$$

二 均衡分析

两国在图 5-1 的 z^* 点处达到分工均衡，此时 $x(z^*)$ 的生产成本相同：

$$c_S(w_S, q_S, r_S; z^*) = c_N(w_N, q_N, r_N; z^*) \quad (5-5)$$

当 $z \in [0, z^*)$ 时，S 国承担 $x(z)$ 产品的生产；当 $z \in (z^*, 1]$ 时，N 国承担 $x(z)$ 产品的生产。由式 (5-2) 得到非技术劳动和技术劳动的需求函数，劳动力市场出清条件为：

$$L_S\left(\frac{q_S}{w_S}\right) = \int_0^{z^*} B_S \theta \left[\frac{r_S}{w_S a_L(z) + q_S a_H(z)}\right]^{1-\theta} a_L(z) x_S(z) \, dz \quad (5-6)$$

$$H_S\left(\frac{q_S}{w_S}\right) = \int_0^{z^*} B_S \theta \left[\frac{r_S}{w_S a_L(z) + q_S a_H(z)}\right]^{1-\theta} a_H(z) x_S(z) \, dz \quad (5-7)$$

要素报酬满足下列方程：

$$r_S K_S = [w_S L_S + q_S H_S](1-\theta)/\theta \quad (5-8)$$

假设 E 为两国总收入，$E = E_S + E_N$，由式 (5-3) 和式 (5-4) 可知 $x(z)$ 的需求函数为：

$$x_S(z) = \frac{\alpha(z) E}{c_s(z)}, \quad z \in [0, z^*) \quad (5-9)$$

将式 (5-2) 和式 (5-9) 带入式 (5-6) 和式 (5-7) 可得：

$$L_S\left(\frac{q_S}{w_S}\right) = \int_0^{z^*} \theta\left[\frac{a_L(z)\alpha(z) E}{w_S a_L(z) + q_S a_H(z)}\right] dz \quad (5-6')$$

$$H_S\left(\frac{q_S}{w_S}\right) = \int_0^{z^*} \theta\left[\frac{a_H(z)\alpha(z) E}{w_S a_L(z) + q_S a_H(z)}\right] dz \quad (5-7')$$

式 (5-5) 描述了两国的分工均衡，式 (5-6')、式 (5-7')、式 (5-8) 分别描述了 S 国的技术劳动市场、非技术劳动市场、要素收入的均衡条件，N 国的相应均衡条件可类似写出。假设总收入 E 为基本计数单位，$E \equiv 1$。此时有 7 个方程和 7 个未知数，可解出 w_S、q_S、r_S、w_N、q_N、r_N、z^*。

三　出口增加值劳动结构

S 国向 N 国出口 Y_S，N 国向 S 国出口 Y_N，由于两国互相进口中间投入品，所以直接出口中包含国外增值部分。S 国对 N 国的出口总值为出口 Y_S 内含中间品 $x_S(z)$ ($z \in [0, z^*]$) 的价值与直接出口 $x_S(z)$ ($z \in [0, z^*]$)（用于生产 Y_N）的价值之和①，即为 $x_S^{EXP}(z) = \dfrac{\alpha(z) E_N}{c_s(z)}\left(E_N + \dfrac{1}{2}E_s\right)$ 的价值。则 S 国对 N 国出口内含的非技术和技术劳动含量（即出口增加值非技术劳动与出口增加值技术劳动）分别为：

$$L_S^{EXP}\left(\frac{q_S}{w_S}\right) = \int_0^{z^*} \theta\left[\frac{a_L(z)\ \alpha(z)}{w_S a_L(z) + q_S a_H(z)}\left(E_N + \frac{1}{2}E_s\right)\right]dz \quad (5-10)$$

$$H_S^{EXP}\left(\frac{q_S}{w_S}\right) = \int_0^{z^*} \theta\left[\frac{a_H(z)\ \alpha(z)}{w_S a_L(z) + q_S a_H(z)}\left(E_N + \frac{1}{2}E_s\right)\right]dz \quad (5-11)$$

且 $L_S^{EXP}\left(\dfrac{q_S}{w_S}\right)/H_S^{EXP}\left(\dfrac{q_S}{w_S}\right) = L_S\left(\dfrac{q_S}{w_S}\right)/H_S\left(\dfrac{q_S}{w_S}\right)$，则 S 国出口增加值技术劳动占所有劳动比重为：

$$HR_S^{EXP} = \frac{H_S^{EXP}}{H_S^{EXP} + L_S^{EXP}} = \frac{1}{1 + L_S^{EXP}/H_S^{EXP}} = \frac{1}{1 + L_S/H_S} \quad (5-12)$$

S 国出口增加值中技术劳动成本占劳动成本比重为：

$$CHR_S^{EXP} = \frac{H_S^{EXP} \times q_S}{H_S^{EXP} \times q_S + L_S^{EXP} \times w_S} = \\ \frac{1}{1 + L_S^{EXP} \times \dfrac{w_S}{H_S^{EXP}} \times q_S} = \frac{1}{1 + L_S \times \dfrac{w_S}{H_S} \times q_S} \quad (5-13)$$

相应的，也可得到 N 国向 S 国出口增加值技术劳动占比和技术劳动成本占比。本章用出口增加值技术劳动占比衡量出口增加值劳动

---

① 此时出口总值为 N 国对 S 国的最终需求品 Y_S 与中间品 $x_S(z)$ 的需求之和，最终需求品 Y_S 的中间品 $x_S(z)$ ($z \in [z^*, 1]$) 为 N 国生产，计算 S 国出口增加值时应当予以扣除，同样的，计算出口增加值劳动要素含量时也应当予以扣除。

要素消耗结构，用技术劳动成本占比衡量劳动成本结构。Feenstra（1995）的引理 1 指出 $\dfrac{\partial \ln\left(\dfrac{H_S}{L_S}\right)}{\partial z^*} > 0$，$\dfrac{\partial \ln\left(\dfrac{H_N}{L_N}\right)}{\partial z^*} > 0$，得到：

$$\frac{\partial \left(\dfrac{H_S}{L_S}\right)}{\partial z^*} > 0, \quad \frac{\partial \left(\dfrac{H_N}{L_N}\right)}{\partial z^*} > 0 \qquad (5-14)$$

$$\frac{\partial HR_S^{EXP}}{\partial z^*} > 0, \quad \frac{\partial HR_N^{EXP}}{\partial z^*} > 0 \qquad (5-15)$$

再由 Feenstra（1995）的命题 1 可知 $\dfrac{\partial \left(\dfrac{q_S}{w_S}\right)}{\partial z^*} > 0$，$\dfrac{\partial \left(\dfrac{q_N}{w_N}\right)}{\partial z^*} > 0$，结合式（5-14）可得：

$$\frac{\partial \left(\dfrac{L_S w_S}{H_S q_S}\right)}{\partial z^*} > 0, \quad \frac{\partial \left(\dfrac{L_N w_N}{H_N q_N}\right)}{\partial z^*} > 0 \qquad (5-16)$$

$$\frac{\partial CHR_S^{EXP}}{\partial z^*} > 0, \quad \frac{\partial CHR_N^{EXP}}{\partial z^*} > 0 \qquad (5-17)$$

式（5-15）和式（5-17）表明在 S 国承担非技术劳动相对密集产品、N 国承担技术劳动相对密集产品的分工格局下，分工均衡点处的技术劳动密集度越高，两国出口增加值技术劳动消耗占比越高、技术劳动成本占比越大[①]。

四 OFDI 与出口增加值劳动结构

Feenstra 和 Hansen（1995，1997）仅考虑了 N 国对 S 国的 OFDI，本章认为 N 国对 S 国和 S 国对 N 国的 OFDI 同时存在。在上文所述的分工均衡中，N 国承担技术劳动密集度较高产品的生产，S 国承

---

① 当劳动供给缺乏弹性时，$\dfrac{\partial HR_S^{EXP}}{\partial z^*} = 0$，$\dfrac{\partial HR_N^{EXP}}{\partial z^*} = 0$ 可能成立。

担非技术劳动密集度较高产品的生产,从技术劳动密集度而言,N国处于分工高端而S国处于分工低端。因此,N国向S国的投资为顺分工梯度OFDI,S国向N国的投资为逆分工梯度OFDI,两种OFDI对母国出口增加值劳动结构和产业的要素密集度有差异化影响。母国资本流出将带来直接的价值链转移效应和间接的技术溢出效应,进而对母国的出口增加值劳动结构产生影响,具体见下文分析。

(一) 逆分工梯度OFDI

资本由S国流向N国,将提高r_S、降低r_N,改变两国$x(z)$的单位生产成本,成本曲线特征如图5-1所示[①]。此时,S国成本曲线由c_Sc_S上移至$c_S^1c_S^1$,N国成本曲线由c_Nc_N下移至$c_N^1c_N^1$,分工均衡点由z^*变为z^1,由式(5-15)、式(5-17)可知逆分工梯度OFDI降低了S国出口增加值的技术劳动投入占比和成本占比。这种出口增加值技术劳动占比下降来自资本相对丰裕程度下降引致生产成本提高,使得技术劳动密集度相对较高的生产环节($x(z)$, $z \in [z^1, z^*]$)转移至N国生产,导致国内分工产品的技术劳动密集度和技术劳动需求均降低。本质上来说,逆分工梯度OFDI导致高端环节转出,降低了国内价值链的技术劳动含量,本章称之为高端价值链转出效应,将导致国内产业"离高端化"。另外,S国的逆分工梯度OFDI对母国存在逆向技术溢出效应[②],由式(5-2)可知逆分工梯度OFDI的技术溢出效应使S国成本曲线由$c_S^1c_S^1$下移至$c_S^2c_S^2$,分工均

---

① 为简化分析,本章将$x(z)$的单位成本曲线画为直线。实际上,成本曲线的形状并不影响分析结果,因为在分工均衡点左侧,S国的成本曲线一定低于N国;在分工均衡点右侧,S国的成本曲线一定高于N国,这是由$\frac{q_N}{w_N} < \frac{q_S}{w_S}$和$a_H(z)/a_L(z)$随着z的增加而增大两个假设得到。

② 由于技术异质性存在,无论OFDI流向技术水平高或低的国家,都存在技术溢出效应,同时,N国与S国的相对分工模式与两国的技术水平无关,本章认为顺—逆分工梯度OFDI均对母国存在逆向技术溢出效应。

衡点由 z^1 变为 z^2，技术劳动相对密集的高端价值链环节（$x(z)$，$z \in [z^1, z^2]$）由 N 国转移至 S 国，S 国实现价值链攀升，出口增加值的技术劳动投入占比和成本占比均上升。由此，提出以下理论假说。

理论假说 1　逆分工梯度 OFDI 的高端价值链转移效应导致母国出口增加值技术劳动占比下降，而技术溢出效应促使出口增加值技术劳动占比提高。逆分工梯度 OFDI 是否促进出口增加值劳动结构改善，取决于高端价值链转出效应和技术溢出效应的相对大小。

（二）顺分工梯度 OFDI

顺分工梯度 OFDI 的价值链转移效应和技术溢出效应对出口增加值技术劳动占比的影响与逆分工梯度 OFDI 情形相反。N 国资本流向 S 国，将提高母国利率 r_N、降低 S 国利率 r_S，图 5-2 中的 $c_N c_N$ 成本曲线向上移至 $c_N^3 c_N^3$，$c_S c_S$ 成本曲线向下移至 $c_S^3 c_S^3$，新的分工均衡点位于 z^3。低端价值链环节中间品（$x(z)$，$z \in [z^*, z^3]$）由 N 国转移至 S 国，国内价值链技术劳动密集度上升，因此，顺分工梯度 OFDI 的低端价值链转出效应促使母国出口增加值技术劳动占比提升，促进了产业升级。同样的，N 国的顺分工梯度 OFDI 也对母国存在技术溢出效应。技术溢出使得 N 国的成本函数由 $c_N^3 c_N^3$ 下降至 $c_N^4 c_N^4$，分工均衡点由 z^3 变为 z^4，母国低端价值链环节的比较优势被强化，挤占了高端价值链环节的发展空间，阻碍价值链和产业升级，降低了出口增加值技术劳动占比。

理论假说 2　顺分工梯度 OFDI 的低端价值链转出效应提升了母国出口增加值技术劳动占比，但技术溢出效应强化了低端环节竞争力，阻碍了出口增加值技术劳动占比提升。顺分工梯度 OFDI 是否改善出口增加值劳动结构，取决于低端价值链转出效应和技术溢出效应的相对大小。

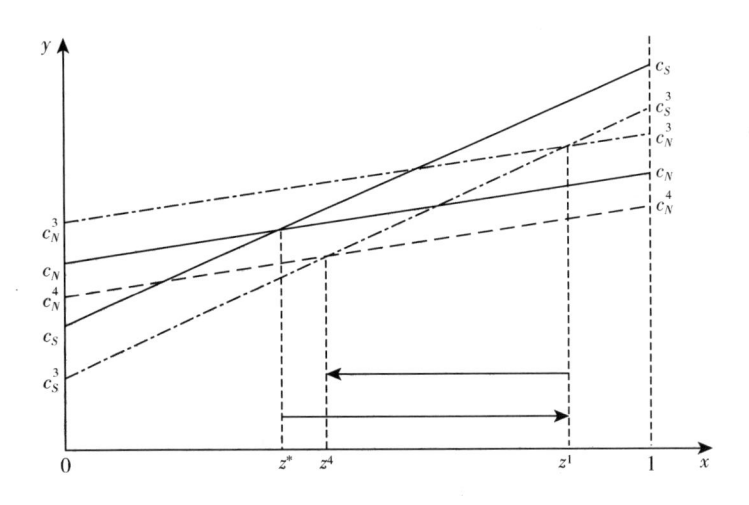

图 5-2 顺分工梯度 OFDI 对产业升级的影响

第三节 实证模型设置与数据处理

一 实证模型设置

基于上述理论分析，本章建立如下回归模型检验 OFDI 是否促进母国产业升级：

$$HLR\_E_{ijt} = \alpha_0 + \alpha_1 \ln OFDI_{ijt} + \alpha_2 \ln OFDI_{ijt} * TEC_{jt} + \alpha_3 HUM_{it} +$$
$$\alpha_4 \ln k_{it} + \alpha_5 TEC_{it} + \alpha_6 \ln FDI_{it} + \alpha_7 HUM_{jt} + \alpha_8 \ln k_{jt} +$$
$$\alpha_9 TEC_{jt} + \alpha_{10} \ln PGDP_{jt} + \alpha_{11} \ln Dis_{ij} + \alpha_{13} Fin \quad (5-18)$$

其中 i 表示母国，本章的母国仅为中国，j 表示东道国。HLR_E_{ijt} 为第 t 期中国对 j 国出口增加值劳动结构，用出口增加值高技术劳动占比衡量[①]。$OFDI_{ijt}$ 为中国对东道国 j 的 OFDI 资本存量，

---

① 高技术劳动占比是理论模型部分的技术劳动占比较好的替代指标，但为保证实证分析稳健性，本章同时采用高技术劳动占比和中高技术劳动占比衡量技术劳动占比。同时，在分析其他劳动结构特征时，分别采用中等技术劳动占比和低技术劳动占比作为替代指标。

$lnOFDI_{ijt} * TEC_{jt}$ 为 OFDI 与东道国技术水平的交互项，系数 α_1 表示 OFDI 对出口增加值劳动结构的价值链转移效应，α_2 表示技术溢出效应。

结合江小涓（2007）、隋月红和赵振华（2012）对出口贸易结构、Lai 和 Zhu（2007）对出口要素含量的研究，本章从劳动要素供给和需求两个方面、母国和东道国两个角度设定式（5-18）中的控制变量。就劳动要素供给而言：母国和东道国的劳动要素禀赋特征决定母国出口增加值劳动结构。母国和东道国的劳动要素禀赋将决定母国与东道国的相对比较优势，进而决定母国的出口产品特征。H-O 理论指出要素禀赋结构将决定出口商品类型，当母国高技术劳动丰裕、东道国低技术劳动丰裕时，母国将出口高技术劳动密集的产品，反之，出口低技术劳动密集产品。回归式（5-18）中 HUM_{it}、HUM_{jt} 分别为母国、东道国的人力资本，人力资本在一定程度上能够代表技术劳动与非技术劳动的相对丰裕程度，α_3 系数符号为正，相应的 α_7 系数符号预期为负。就劳动要素需求而言：第一，在出口品需求不变的前提下，其他生产要素投入变化将引起劳动要素直接需求变化，改变出口增加值劳动结构。本章认为技术和资本是重要的生产要素，将影响对劳动要素的直接需求。回归式（5-18）中 k_{it}、k_{jt} 分别为母国、东道国 j 的人均资本存量，衡量资本密集度，若资本与高技术劳动互补，则 α_4 符号为正、α_8 为负，若相互替代则反之。TEC_{it}、TEC_{jt} 分别为母国和东道国 j 的技术水平，一般而言，技术水平越高，所需匹配的高技术劳动越多，因此母国技术水平提高促进了高技术劳动占比提升，α_5 符号为正，而东道国的技术水平对母国高技术劳动有相反的影响，α_9 预期符号为负。第二，出口品需求变化将引起劳动要素派生需求变化。$PGDP_{jt}$ 为东道国 j 的人均 GDP，衡量需求水平，α_{10} 符号预期为正。同时，距离带来的运输成本也可能影响需求结构，Dis_{ij} 为两国首都距离，α_{11} 符号预期为正。第三，外商资本进入可能从资本供给、技术溢出和出口品需求三个角度影响出口劳动要素结构，回归式（5-18）中 FDI_{it} 为母国的外商资本存量，方向是不确定的。另外，样本期爆发了国际金融危机，本章设定国际金融危机发生与否虚拟变量 Fin，对金融危机重大事件予以控制。

二 主要变量处理和统计性特征

(一) 出口增加值劳动结构

本章将劳动按照受教育年限分为三类，分别为高技术劳动、中等技术劳动、低技术劳动，计算出口增加值中三类劳动的要素报酬占比，即成本结构，以此代表出口增加值的劳动要素结构[①]。参考 Trefler 和 Zhu (2010)、Stehrer 等 (2010) 的研究，计算出口内含的三类劳动要素贡献，进而测算出出口增加值劳动结构，具体如下：

假设世界上存在两个国家，每个国家生产 N 种商品，每种商品可以被作为中间投入品或者直接消费品，X_r 表示国家 r 的总产出，Y_{rs} 表示国家 s 对国家 r 的最终商品需求，A_{rs} 为投入产出系数矩阵，表示国家 s 生产单位矩阵的商品对国家 r 的中间品需求矩阵，则：

$$\begin{bmatrix} X_1 \\ X_2 \end{bmatrix} = \begin{bmatrix} A_{11} & A_{12} \\ A_{21} & A_{22} \end{bmatrix} \begin{bmatrix} X_1 \\ X_2 \end{bmatrix} + \begin{bmatrix} Y_{11} & Y_{12} \\ Y_{21} & Y_{22} \end{bmatrix} \quad (5-19)$$

式 (5-19) 可调整变换为：

$$\begin{bmatrix} X_1 \\ X_2 \end{bmatrix} = \begin{bmatrix} I-A_{11} & -A_{12} \\ -A_{21} & I-A_{22} \end{bmatrix}^{-1} \begin{bmatrix} Y_1 \\ Y_2 \end{bmatrix} = \begin{bmatrix} B_{11} & B_{12} \\ B_{21} & B_{22} \end{bmatrix} \begin{bmatrix} Y_1 \\ Y_2 \end{bmatrix} \quad (5-20)$$

式 (5-20) 中的矩阵 B_{rs} 为里昂惕夫逆矩阵，表示国家 s 消费单位矩阵的商品需要国家 r 生产的商品数量矩阵。国家 1 对国家 2 的出口为 E_{12}，国家 1 单位产出消耗的高技术劳动成本矩阵为 C_1^{hl}，则国家 1 对国家 2 出口增加值高技术劳动成本为：

$$EC_{12}^{hl} = C_1^{hl} * B_{11} * E_{12} \quad (5-21)$$

出口增加值的中等技术劳动、低技术劳动成本可类似计算。

---

① 在劳动供给缺乏弹性的情况下，产业的技术劳动密集度提高、技术劳动相对需求上升，只会引起技术劳动工资上升，而技术劳动消耗不会发生变化。因此，劳动要素成本结构比要素消耗结构更准确和及时地反映产业结构变化。

出口增加值高技术劳动成本占比（HLR_E）为：

$$HLR\_E_{12} = \frac{EC_{12}^{hl}}{EC_{12}^{hl} + EC_{12}^{ml} + EC_{12}^{ll}} \quad (5-22)$$

其中，上标 hl、ml、ll 分别代表高技术劳动、中等技术劳动和低技术劳动。出口增加值的中等技术劳动和低技术劳动占比可如式（5-22）类似计算。

（二）相对分工梯度

按照对顺、逆分工梯度的定义，顺分工梯度是指母国相对东道国处于分工高端，逆分工梯度反之。在全球价值链分工体系中，承担微笑曲线两端分工环节的国家或企业处于分工高端，其产品具有技术、人力资本密集特征。因此，本章基于出口和进口增加值的高技术劳动占比的相对大小，确定母国相对东道国的分工梯度（Specialization Gradient，SG）指标值，SG>0 时，母国出口增加值的高技术劳动占比更高，处于分工高端，对东道国的 OFDI 为顺分工梯度 OFDI；SG<0 时，母国分工地位相对较低，对东道国的 OFDI 为逆分工梯度 OFDI。具体计算如下：

按照出口增加值高技术劳动成本占比的测算方法，计算国家 1 从国家 2 进口的商品在国内生产时所需的高技术劳动占比：

$$HLR\_I_{12} = \frac{IC_{12}^{hl}}{IC_{12}^{hl} + IC_{12}^{ml} + IC_{12}^{ll}}, \quad IC_{12}^{hl} = C_1^{hl} * B_{11} * I_{12} \quad (5-23)$$

其中，I_{12} 为国家 1 从国家 2 进口的商品矩阵，IC_{12}^{ml}、IC_{12}^{ll} 分别为进口品在国内生产时中等技术劳动和低技术劳动成本。则分工梯度值为：

$$SG_{12} = HLR\_E_{12} - HLR\_I_{12} \quad (5-24)$$

（三）相对分工梯度的统计特征分析

测算出中国相对 64 个样本国的分工梯度值，并按照年份画出核密度图，如图 5-3 所示。2003 年、2006 年和 2009 年的核密度图均显示，中国相对东道国的分工梯度值的均值和中位数小于 0，且具有右偏特征，说明中国相较大多数国家处于分工低端，但中国的分工位置正在逐步改善。2003 年、2006 年和 2009 年分工梯度值的均值依次为 -0.0062、-0.0034 和 -0.0029，呈现递增的趋势，且分布密度图也在逐步右移，右偏程度不断减弱。当 SG > 0 时，中国相对东道国的分工地位更高，所以分工梯度均值上升和右偏程度下降表明中国的国际分工位置在不断改善。

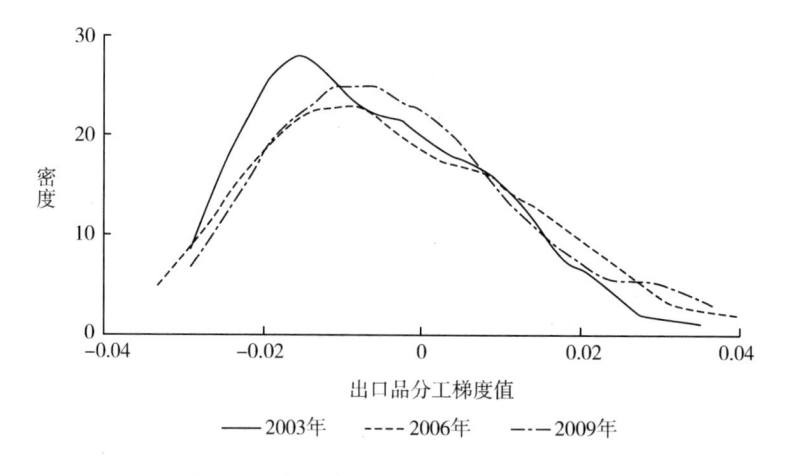

图 5-3　相对东道国分工梯度的核密度图

资料来源：笔者根据 WIOD 数据测算得到。

三　其他变量处理和数据来源

根据 OFDI 资本存量、出口和 WIOD 直接消耗系数的可得性，研究样本确定为 64 个国家或地区，样本期为 2003 年到 2009 年。人力资本 HUM_{it} 用高等教育入学率衡量，资本密集度 k_{it} 用人均资本形成额衡量，技术水平 TEC_{it} 用人均专利申请存量的对数值[①]（$\ln patent_{it}$）衡量，地理距离 Dis_{ij} 用母国与东道国首都距离衡量。国家高等教育入学率、资本形成额、劳动总数、专利申请数量来自世界银行数据

---

① 专利存量为近 20 年专利申请数加总。

库，母国与东道国首都距离来自 CEPII 数据库。外商直接投资资本存量来自 UNCTAD。所有名义变量指标以 2000 年为基期平减。具体变量衡量指标选取、来源及统计性特征如表 5-1 所示。

表 5-1 指标选取、来源及统计性描述

变量名	衡量指标	来源	单位	均值	标准差	极小值	极大值
HLR_E_{ijt}	高技术劳动占比	根据 WIOD 数据测算	无	0.040	0.010	0.020	0.068
MLR_E_{ijt}	中等技术劳动占比	根据 WIOD 数据测算	无	0.316	0.032	0.222	0.416
LLR_E_{ijt}	低技术劳动占比	根据 WIOD 数据测算	无	0.644	0.040	0.532	0.757
$OFDI_{ijt}$	对外直接投资资本存量	《中国对外直接投资统计公报》	千万美元	23.780	57.186	0.004	586.310
HUM_{it}	母国高等教育入学率	世界银行数据库	%	19.669	2.115	15.636	22.516
k_{it}	中国人均资本存量	根据世界银行数据库数据计算	千美元/人	14.109	5.292	8.183	24.120
$patent_{it}$	母国人均专利申请数	根据世界银行数据库数据计算	个/百万人	8.078	3.589	3.760	14.393
FDI_{it}	外商资本存量	UNCTAD	百亿美元	127.704	160.649	2.149	387.863
HUM_{jt}	东道国高等教育入学率	世界银行数据库	%	44.868	23.432	2.370	119.779
k_{jt}	东道国人均资本存量	根据世界银行数据库数据计算	千美元/人	5.673	6.709	0.056	27.200
$patent_{jt}$	东道国人均专利申请数	根据世界银行数据库数据计算	个/百万人	56.118	146.265	0.024	1087.499
$PGDP_{jt}$	东道国人均 GDP	世界银行数据库	千美元	12.180	14.964	0.140	65.820
Dis_{ij}	母国与东道国首都距离	CEPII 数据库	万公里	0.810	0.416	0.096	1.930

第四节 实证分析

一 基本回归

基本回归采用系统 GMM 方法进行回归分析，研究 OFDI 对出口增加值劳动结构的影响。用出口增加值高技术劳动占比（HLR_E）作为出口增加值技术劳动占比的替代指标，中高技术劳动占比（$MHLR\_E$）作为该指标的稳健性检验指标。具体回归结果如表 5 - 2 所示，Hansen J 检验、AR（1）、AR（2）的检验结果表明系统 GMM 估计方法有效。

表 5 - 2 基本回归结果

变量	(1) HLR_E	(2) HLR_E	(3) $MHLR\_E$	(4) $MHLR\_E$
HLR_E_{ijt-1}	1.0184 *** (47.59)	0.9598 *** (28.92)		
$MHLR\_E_{ijt-1}$			1.0102 *** (22.50)	1.0162 *** (41.90)
$\ln OFDI_{ijt}$	-0.0156 *** (-2.69)	-0.0357 ** (-2.44)	-0.0188 ** (-1.99)	-0.0419 *** (-2.87)
$\ln OFDI_{ijt} * TEC_{jt}$		0.0050 * (1.89)		0.0048 * (1.83)
$\ln k_{it}$	-13.9832 *** (-7.20)	-13.8648 *** (-6.55)	-13.4499 *** (-5.12)	-14.5653 *** (-6.97)
TEC_{it}	6.6450 *** (4.87)	6.7076 *** (4.47)	6.2064 *** (3.35)	7.0959 *** (4.84)
HUM_{it}	0.1705 (1.34)	0.1452 (1.02)	0.2150 (1.23)	0.1176 (0.87)
$\ln FDI_{it}$	4.0353 *** (2.83)	4.2114 *** (2.64)	3.5302 * (1.80)	4.5511 *** (2.96)

续表

变量	(1) HLR_E	(2) HLR_E	(3) MHLR_E	(4) MHLR_E
$\ln k_{jt}$	-0.0445 (-0.96)	-0.0037 (-0.06)	-0.0339 (-0.48)	-0.0404 (-0.74)
TEC_{jt}	0.0518 (1.12)	0.0280 (0.48)	0.0228 (0.34)	0.0543 (1.00)
HUM_{jt}	0.0011 (0.13)	-0.0586** (-2.01)	0.0078 (0.57)	-0.0475* (-1.67)
$\ln PGDP_{jt}$	-0.0009 (-1.49)	-0.0009 (-1.17)	-0.0005 (-0.58)	-0.0010 (-1.41)
$\ln Dis_{ij}$	0.0095 (0.47)	-0.0069 (-0.28)	-0.0018 (-0.07)	-0.0012 (-0.05)
Fin	2.0868*** (32.76)	2.0358*** (25.60)	2.1608*** (20.80)	2.0953*** (29.55)
_con	-18.2693*** (-2.87)	-19.0351*** (-2.68)	-15.8050* (-1.81)	-20.2030*** (-2.93)
F 检验	10183.37 [0.000]	5845.78 [0.000]	5212.71 [0.000]	8812.11 [0.000]
Hansen J 检验	26.73 [0.111]	18.42 [0.142]	7.88 [0.343]	22.66 [0.123]
AR（1）检验 p 值	[0.005]	[0.005]	[0.004]	[0.005]
AR（2）检验 p 值	[0.471]	[0.485]	[0.399]	[0.455]
N	384	384	384	384

资料来源：笔者利用 Stata12.0 软件计算。

表5-2 为不区分顺、逆分工梯度的回归结果，结果（1）和（3）中 $\ln OFDI_{ijt}$ 的系数均显著为负，表明 OFDI 降低了母国出口增加值技术劳动占比。结果（2）、（4）为控制了 $\ln OFDI_{ijt} * TEC_{jt}$ 之后的回归结果，$\ln OFDI_{ijt}$ 的回归系数均显著为负，表明 OFDI 将国内技术劳动相对密集价值链转出，价值链转移效应降低了母国出口增加值技术劳动占比。而 $\ln OFDI_{ijt} * TEC_{jt}$ 的回归系数均显著为正，表明 OFDI 的逆向技术溢出效应提高了母国出口增加值技术劳动占比。因

此，就样本总体而言，中国 OFDI 对母国出口结构的价值链转移效应为负，技术溢出效应为正，但价值链转移效应大于技术溢出效应。

表 5-2 中控制变量符号基本符合理论预期。$\ln k_{it}$ 的系数显著为负，表明随着母国人均资本提高，高技术劳动占比下降，资本与高技术劳动之间的替代关系能够解释这种现象。例如，生产流水线提高了非技术工人的生产组织效率，相应投资使得企业增加非技术工人雇佣量、减少中高技术工人雇佣量，降低了技术工人的投入比例。TEC_{it} 的系数显著为正，表明母国技术水平提高促进了高技术劳动占比提升，说明技术与高技术劳动呈现要素投入互补关系。HUM_{it} 的系数虽不显著，但为正，表明母国人力资本积累有利于高技术劳动占比提升。$\ln FDI_{it}$ 的系数显著为正，表明外资进入总体促进了母国出口结构优化。对于东道国的控制变量，人均资本 $\ln k_{jt}$、技术水平 TEC_{jt} 等变量没有表现出显著的影响，而人力资本 HUM_{jt} 对母国出口增加值技术劳动占比有显著的负向影响，说明东道国自身技术劳动密集产品供给能力提升，降低了对母国技术劳动密集产品的需求。

二 顺—逆分工梯度 OFDI 的差异化影响

将总体样本按照分工梯度值进行分组，当 $SG_{ij} < 0$ 时，中国对东道国的 OFDI 为逆分工梯度 OFDI；当 $SG_{ij} > 0$ 时，中国对东道国的 OFDI 为顺分工梯度 OFDI。值得注意的是，当 SG_{ij} 的绝对值接近 0 时，不同年份的 SG_{ij} 值可能在 0 上下波动，导致相对分工位置发生反转，因此将 $|SG_{ij}| \leq a$ 的样本剔除[①]。最终确定了美国等 38 个国家为逆分工梯度 OFDI 样本组，阿根廷等 17 个国家为顺分工梯度 OFDI 样本组。分组回归结果如表 5-3 所示。

---

① 临界值 a 的选取有两大原则：（一）保证分组样本在样本期不发生分工反转，即不会由逆分工梯度组变为顺分工梯度组，反之亦然；（二）保证充足的样本量，a 值过大将导致样本剔除较多，样本信息损失严重。选取 2003 年为分组年份，经过计算后，发现当 a 取值为 0.004 时，在最大化可能样本的前提下，保证了顺分工梯度 OFDI 和逆分工梯度 OFDI 两组样本在样本期处于一致的相对分工位置。

表 5-3　　　　　　　顺—逆分工梯度 OFDI 的差异化影响

变量	(1) HLR_E	(2) HLR_E	(3) HLR_E	(4) HLR_E
HLR_E_{ijt-1}	1.0080***	0.9976***	0.8928***	0.7513***
	(62.73)	(67.59)	(6.11)	(6.10)
$\ln OFDI_{ijt}$	-0.0165***	-0.0704***	-0.0179	0.1603
	(-2.78)	(-3.54)	(-1.49)	(1.58)
$\ln OFDI_{ijt}*TEC_{jt}$		0.0099**		-0.0325*
		(2.54)		(-1.72)
$\ln k_{it}$	-15.9610***	-16.6194***	-4.5352	-3.7418
	(-6.48)	(-6.84)	(-1.15)	(-1.29)
TEC_{it}	8.5016***	9.0056***	0.4117	0.2329
	(4.78)	(5.13)	(0.16)	(0.13)
HUM_{it}	-0.0693	-0.1145	0.6897***	0.6766***
	(-0.42)	(-0.69)	(3.10)	(5.19)
$\ln FDI_{it}$	5.8253***	6.3139***	-2.4300	-2.7655
	(3.21)	(3.52)	(-0.88)	(-1.45)
$\ln k_{jt}$	-0.0532	-0.0522	0.0436	0.4505
	(-0.75)	(-0.67)	(0.25)	(0.62)
TEC_{jt}	0.0508	0.0534	0.0492	-0.3306
	(0.67)	(0.64)	(0.41)	(-0.51)
HUM_{jt}	0.0082	-0.0838**	-0.0369	0.2360
	(0.99)	(-2.23)	(-1.08)	(1.60)
$\ln PGDP_{jt}$	-0.0012	-0.0014	-0.0027	-0.0035
	(-1.34)	(-1.55)	(-1.35)	(-0.88)
$\ln Dis_{ij}$	0.0159	0.0270	0.0678**	0.1023
	(0.77)	(1.19)	(2.54)	(0.78)
Fin	1.9246***	1.9243***	1.8674***	1.7100***
	(32.63)	(33.87)	(8.86)	(8.02)
_con	-26.2529***	-28.1039***	9.3307	5.7818
	(-3.16)	(-3.40)	(0.80)	(0.78)
Wald 检验	27912.21	44028.09	20205.35	35130.39
	[0.000]	[0.000]	[0.000]	[0.000]

续表

变量	(1) HLR_E	(2) HLR_E	(3) HLR_E	(4) HLR_E
Hansen J 检验	23.95 [0.198]	24.69 [0.171]	2.87 [0.897]	7.24 [0.993]
AR (1) 检验	[0.021]	[0.021]	[0.028]	[0.018]
AR (2) 检验	[0.331]	[0.338]	[0.542]	[0.792]
N	228	228	102	102

资料来源：笔者利用 Stata12.0 软件计算。

逆分工梯度 OFDI 的回归结果如（1）、（2）所示。结果（1）中 $\ln OFDI_{ijt}$ 的系数显著为负，表明逆分工梯度 OFDI 总体上降低了出口增加值高技术劳动占比。具体而言，结果（2）中 $\ln OFDI_{ijt}$ 的系数显著为负，表明逆分工梯度 OFDI 将母国的高技术劳动密集环节转出，降低了母国产业的高技术劳动密集度，进而降低了出口增加值高技术劳动占比，即 OFDI 对出口产业结构的价值链转移效应为负。结果（2）中的 $\ln OFDI_{ijt}*TEC_{jt}$ 系数显著为正，表明东道国技术水平越高，OFDI 对母国出口增加值高技术劳动占比的正向边际影响越大，即逆分工梯度 OFDI 对母国出口产业结构存在积极的逆向技术溢出效应。该实证结果证实了**理论假说 1**。总体而言，负向的价值链转移效应大于正向的技术溢出效应，逆分工梯度 OFDI 降低了出口增加值高技术劳动占比，抑制了母国产业升级。

顺分工梯度 OFDI 的回归结果如（3）、（4）所示。结果（3）中 $\ln OFDI_{ijt}$ 的系数虽不显著，但为负，表明顺分工梯度 OFDI 降低了出口增加值高技术劳动占比。结果（4）中 $\ln OFDI_{ijt}$ 的系数为正，表明顺分工梯度 OFDI 将母国技术劳动密集度相对较低的价值链环节或产业转出，提高了母国产业技术劳动密集度，提高了出口增加值高技术劳动占比，即顺分工梯度 OFDI 对出口增加值高技术劳动占比的价值链转移效应为正。$\ln OFDI_{ijt}*TEC_{jt}$ 的系数显著为负，表明顺分工梯度 OFDI 的逆向技术溢出效应加强了母国的边际生产环节或产业的竞争优势，阻碍了边际产业转出、高端产业发展进程，进而降低了出口增加值高技术劳动占比。该实证结果在一定程度上证实了**理论假说2**。总体而言，顺分工梯度的正向价值链转移效应小于负向技术溢出效应，抑制了母国产业转型升级。

比较顺—逆分工梯度 OFDI 对母国出口增加值劳动结构的影响，发现逆分工梯度 OFDI 的技术溢出效应和顺分工梯度 OFDI 的低端价值链转移效应是有利于母国出口升级的，而逆分工梯度 OFDI 的高端价值链转移效应和顺分工梯度 OFDI 的逆向技术溢出效应是不利于母国出口增加值劳动结构优化的。说明不同类型 OFDI 对母国出口的影响具有较大差异，且同种类型 OFDI 的不同机制影响也不相同。该实证结果不仅证实了理论假说，也证实发展中国家 OFDI 对母国产业升级的影响与发达国家不同。

三 出口增加值劳动结构转变特征

劳动可以分为高技术劳动、中等技术劳动和低技术劳动三种类型，OFDI 在促进出口增加值高技术劳动占比提升的同时，也可能导致低技术劳动占比提高，这种中等技术劳动"空心化"的结构转变特征不代表产业结构优化。因此，本章不仅关注出口增加值高技术劳动占比的变化，还关注 OFDI 对出口增加值劳动结构转变的影响。

逆分工梯度 OFDI 对出口增加值劳动结构转变的影响如表5-4所示。结果（1）、（2）、（3）中 $lnOFDI_{ijt}$ 的回归系数表明，逆分工梯度 OFDI 的价值链转移效应同时降低了出口增加值的高技术劳动占比和中等技术劳动占比，提高了低技术劳动占比，导致母国出口增加值劳动结构低端化，不利于产业升级。而结果（1）、（2）、（3）中 $lnOFDI_{ijt} * TEC_{jt}$ 的回归系数表明，逆分工梯度 OFDI 的逆向技术溢出效应提高了出口增加值的高技术劳动和中等技术劳动占比，降低了低技术劳动占比，促使出口增加值劳动结构逐步向中高端转变。

表5-4　　　　　逆分工梯度 OFDI 与出口增加值劳动结构变化

变量	(1) HLR_E	(2) MLR_E	(3) LLR_E
HLR_E_{ijt-1}	0.9976*** (67.59)		
MLR_E_{ijt-1}		0.9549*** (49.18)	
LLR_E_{ijt-1}			0.9700*** (51.17)
$\ln OFDI_{ijt}$	-0.0704*** (-3.54)	-0.0024*** (-3.34)	0.0032*** (3.63)
$\ln OFDI_{ijt} * TEC_{jt}$	0.0099** (2.54)	0.0003** (2.17)	-0.0004** (-2.43)
$\ln k_{it}$	-16.6194*** (-6.84)	-0.2008* (-1.74)	0.3799*** (2.63)
TEC_{it}	9.0056*** (5.13)	0.2479*** (3.02)	-0.3486*** (-3.39)
HUM_{it}	-0.1145 (-0.69)	-0.0321*** (-4.37)	0.0341*** (3.67)
$\ln FDI_{it}$	6.3139*** (3.52)	0.1055 (1.25)	-0.1771* (-1.67)
$\ln k_{jt}$	-0.0522 (-0.67)	-0.0032 (-1.08)	0.0032 (0.87)
TEC_{jt}	0.0534 (0.64)	0.0026 (0.77)	-0.0026 (-0.61)
HUM_{jt}	-0.0838** (-2.23)	-0.0022 (-1.58)	0.0031* (1.82)
$\ln PGDP_{jt}$	-0.0014 (-1.55)	-0.0001 (-1.61)	0.0001 (1.52)
$\ln Dis_{ij}$	0.0270 (1.19)	0.0004 (0.36)	-0.0007 (-0.53)
Fin	1.9243*** (33.87)	-0.0113*** (-4.87)	-0.0074*** (-2.67)

续表

变量	(1) HLR_E	(2) MLR_E	(3) LLR_E
_con	-28.1039***	-0.4339	0.7949
	(-3.40)	(-1.10)	(1.61)
Wald 检验	44028.09	44864.36	48323.31
	[0.000]	[0.000]	[0.000]
Hansen J 检验	24.69	23.98	23.46
	[0.171]	[0.197]	[0.218]
AR (1) 检验	[0.021]	[0.024]	[0.020]
AR (2) 检验	[0.338]	[0.240]	[0.249]
N	228	228	228

资料来源：笔者利用 Stata12.0 软件计算。

顺分工梯度 OFDI 对出口增加值劳动结构的影响如表 5-5 所示。结果（2）和结果（3）中 $\ln OFDI_{ijt}$ 的回归系数均显著为负，虽然结果（1）的回归系数不显著，但能够说明顺分工梯度 OFDI 的价值链转移效应提高了出口增加值高技术劳动占比，降低了中等技术劳动占比和低技术劳动占比，促进了母国出口增加值劳动结构向高端转变。而 $\ln OFDI_{ijt} * TEC_{jt}$ 的回归系数表明，顺分工梯度 OFDI 的逆向技术溢出效应降低了出口增加值高技术劳动占比，提高了中等技术劳动占比和低技术劳动占比，导致母国出口增加值劳动结构向中低端转变。

表 5-5　顺分工梯度 OFDI 与出口增加值劳动结构变化

变量	(1) HLR_E	(2) MLR_E	(3) LLR_E
HLR_E_{ijt-1}	0.7513***		
	(6.10)		
MLR_E_{ijt-1}		1.7189***	
		(4.27)	
LLR_E_{ijt-1}			0.4922**
			(2.13)
$\ln OFDI_{ijt}$	0.1603	-0.0090*	-0.0054**
	(1.58)	(-1.90)	(-2.13)

续表

变量	(1) HLR_E	(2) MLR_E	(3) LLR_E
$\ln OFDI_{ijt} * TEC_{jt}$	-0.0325* (-1.72)	0.0020* (1.89)	0.0014* (1.92)
$\ln k_{it}$	-3.7418 (-1.29)	-0.1089 (-0.47)	-0.2922 (-1.09)
TEC_{it}	0.2329 (0.13)	0.2175 (1.23)	0.1683 (0.91)
HUM_{it}	0.6766*** (5.19)	-0.0229 (-1.51)	-0.0134 (-0.89)
$\ln FDI_{it}$	-2.7655 (-1.45)	-0.0458 (-0.28)	0.2738 (1.48)
$\ln k_{jt}$	0.4505 (0.62)	-0.0293** (-2.15)	-0.0137 (-1.08)
TEC_{jt}	-0.3306 (-0.51)	0.0155* (1.92)	0.0023 (0.22)
HUM_{jt}	0.2360 (1.60)	-0.0135* (-1.81)	-0.0057* (-1.76)
$\ln PGDP_{jt}$	-0.0035 (-0.88)	0.0001 (0.65)	0.0000 (0.26)
$\ln Dis_{ij}$	0.1023 (0.78)	-0.0090 (-1.15)	-0.0103*** (-2.80)
Fin	1.7100*** (8.02)	-0.0108** (-2.03)	-0.0101 (-1.59)
_con	5.7818 (0.78)	0.1964 (0.27)	-0.6741 (-0.84)
Wald 检验	35130.39 [0.000]	41487.36 [0.000]	171.67 [0.000]
Hansen J 检验	7.24 [0.993]	0.73 [0.998]	5.75 [0.998]
AR (1) 检验	[0.018]	[0.052]	[0.213]
AR (2) 检验	[0.792]	[0.269]	[0.759]

续表

变量	(1) HLR_E	(2) MLR_E	(3) LLR_E
N	102	102	102

四 稳健性检验

(一) 被解释变量稳健性

本章从劳动要素成本角度，采用劳动要素报酬占单位产出比重作为要素直接消耗系数衡量指标。虽然每单位产出所费劳动时间仅考虑了劳动使用数量，但也在一定程度上反映了劳动要素结构，因此，将其作为直接消耗系数衡量指标进行稳健性检验。检验结果如表5-6结果 (1)、(2)、(3) 所示，与表5-2中 $\ln OFDI_{ij}$ 系数方向一致。对 $\ln OFDI_{ij} * RD_j$ 而言，回归结果方向也基本一致。被解释变量稳健性检验结果表明，OFDI 的分工效应导致劳动要素结构"低端化"，其技术溢出效应促进劳动要素结构"去低端化"，与表5-2结果基本一致。

表5-6　　　　　　被解释变量稳健性检验

变量	(1) HLR	(2) MLR	(3) LLR
L.HLR	0.6504 *** (38.43)		
L.MLR		0.7897 *** (50.06)	
L.LLR			0.7778 *** (45.14)
$\ln OFDI_{ij}$	-0.0007 *** (-3.73)	-0.0012 *** (-3.94)	0.0018 *** (3.97)
$\ln OFDI_{ij} \times RD_j$	0.0001 (1.13)	0.0005 *** (2.86)	-0.0005 ** (-2.26)

续表

变量	(1) HLR	(2) MLR	(3) LLR
LE_{it}	0.0090***	-0.0654***	0.0668***
	(4.10)	(-4.60)	(4.65)
$\ln k_i$	0.0362***	0.0464**	-0.0956***
	(6.37)	(2.47)	(-4.03)
RD_i	0.1473***	-0.2626***	0.0983***
	(17.35)	(-10.29)	(3.09)
$\ln FDI_i$	-0.1259***	0.1037**	0.0546
	(-11.54)	(2.28)	(1.09)
MAR_i	0.3194***	-0.4339***	0.0886
	(8.43)	(-4.09)	(0.76)
LE_{jt}	-0.0003	-0.0015	0.0011
	(-0.38)	(-1.32)	(0.63)
$\ln k_j$	-0.0031***	0.0007	0.0016
	(-5.16)	(0.59)	(0.90)
RD_j	-0.0016*	-0.0048***	0.0062***
	(-1.80)	(-4.17)	(4.25)
$\ln PGDP_j$	0.0040***	0.0012	-0.0042***
	(7.62)	(1.62)	(-3.69)
$\ln Dis_{ij}$	-0.0004	-0.0004	0.0007
	(-1.57)	(-0.39)	(0.64)
_con	0.2726***	0.3330	-0.5607*
	(6.27)	(1.12)	(-1.91)
Hansen J 检验	25.73	22.85	21.86
	[0.138]	[0.244]	[0.291]
AR (1) 检验 p 值	[0.052]	[0.004]	[0.012]
AR (2) 检验 p 值	[0.432]	[0.165]	[0.248]
N	228	228	228

资料来源：笔者利用 Stata12.0 软件计算得到。

(二) 顺—逆分工梯度 OFDI 分组稳健性

本章采用技术劳动与非技术劳动的相对丰裕程度作为顺—逆分

工梯度 OFDI 分类标准。较多学者采用发展水平作为顺—逆分工梯度 OFDI 的分类标准（隋月红、赵振华，2012），中国相对发达国家更多地承担低技术劳动密集产业分工，对发达国家的 OFDI 可视为逆分工梯度 OFDI，但中国与发展中国家的分工模式并不确定，如中国相对韩国与相对印度尼西亚的分工模式必然不同。因此，本章将流向发达国家的 OFDI 视为逆分工梯度 OFDI，以检验技术与非技术劳动相对丰裕程度分类标准的稳健性。回归结果如表 5-7 所示，与表 5-3 结果相比，$\ln OFDI_{ij}$ 的系数方向和显著性均不发生变化，$\ln OFDI_{ij} * RD_j$ 的系数方向不发生变化。稳健性检验结果与表 5-3 的实证结果基本一致，因此，采用技术与非技术劳动相对丰裕程度作为顺—逆分工梯度 OFDI 分类标准是稳健的。

表 5-7　　　　　　顺—逆分工梯度 OFDI 分组稳健性检验

变量	(1) HLR	(2) MLR	(3) LLR
$\ln OFDI_{ij}$	-0.0026 ***	0.0001	0.0026 *
	(-3.08)	(0.12)	(1.66)
$\ln OFDI_{ij} \times RD_j$	0.0009 *	-0.0011 *	0.0000
	(1.79)	(-1.82)	(0.04)
LE_{it}	0.0288 *	-0.0371 **	0.0093
	(1.86)	(-2.02)	(0.32)
$\ln k_i$	0.1302 **	-0.0495	-0.0813
	(2.05)	(-0.66)	(-0.69)
RD_i	0.3228 ***	-0.1309	-0.1939
	(3.00)	(-1.02)	(-0.97)
$\ln FDI_i$	-0.2902 **	0.1255	0.1660
	(-2.06)	(0.75)	(0.63)
MAR_i	0.6800 ***	0.1093	-0.7965 *
	(2.72)	(0.37)	(-1.71)
LE_{jt}	0.0041	-0.0010	-0.0048
	(0.58)	(-0.13)	(-0.36)

续表

变量	(1) HLR	(2) MLR	(3) LLR
$\ln k_j$	-0.0172***	-0.0129**	0.0290***
	(-3.70)	(-2.40)	(3.29)
RD_j	-0.0079	0.0033	0.0073
	(-1.11)	(0.40)	(0.54)
$\ln PGDP_j$	0.0193***	0.0179***	-0.0374***
	(4.67)	(3.79)	(-4.69)
$\ln Dis_{ij}$	0.0004	0.0021	-0.0026
	(0.22)	(0.96)	(-0.76)
Fin	0.0223***	-0.0136*	-0.0086
	(3.40)	(-1.75)	(-0.71)
_con	0.4791	0.1985	0.3263
	(0.98)	(0.34)	(0.36)
Wald-X2 统计量	237.17	645.63	124.27
	[0.000]	[0.000]	[0.000]
N	210	210	210

资料来源：笔者利用 Stata12.0 软件计算得到。

第五节　小结

本章拓展 Feenstra 和 Hanson（1995）的理论模型，研究了发展中国家 OFDI 对出口增加值劳动结构的影响，发现存在价值链转移效应和技术溢出效应，但顺—逆分工梯度 OFDI 的上述效应具有差异。采用 2003—2009 年中国对 64 个国家的出口增加值劳动结构和 OFDI 面板数据检验了理论假说，结论为：

1. 逆分工梯度 OFDI 将高端环节和产业转出，其价值链转移效应降低了出口增加值高技术劳动占比，而逆向技术溢出效应提高了出口增加值高技术劳动占比，促进了母国出口增加值劳动结构优化，价值链转移和技术溢出的净效应为负。

2. 顺分工梯度 OFDI 的低端价值链和产业转移效应提高了母国出口增加值高技术劳动占比，有利于母国产业升级，而逆向技术溢出效应导致低技术劳动密集环节竞争优势加强，降低了出口增加值高技术劳动占比，阻碍了母国出口产业升级，价值链转移和技术溢出的净效应为负。

第 六 章

中国对外直接投资对出口增加值技术含量的影响

第一节 问题提出

自20世纪90年代以来,中国出口不断增长,于2013年跃居世界第一。从传统的贸易统计数据来看,高技术产品的出口比重也不断上升,出口结构和出口技术复杂度呈现出不断优化的趋势(Rodrik,2006)。实际上,中国仅在高技术产品生产中承担增值率低、技术含量低的加工制造环节,其出口内含的国内技术含量(以下简称出口增加值技术含量)远低于美日等发达国家,被锁定在世界低端(倪红福,2017)。中国的对外贸易已经由总量增长阶段迈入结构调整阶段,如何提升出口增加值技术含量成为中国面临的难题,受到学者的广泛关注(齐俊妍等,2011;Xu and Lu,2009;马淑琴和谢杰,2013;戴翔和金碚,2014;刘维林等,2014;洪世勤和刘厚俊,2015)。OFDI作为充分利用国内国外两个市场的重要手段,既扮演着获取技术的角色,又起着边际产业转移、国内产业调整的重要作用,与出口技术水平存在紧密联系。那么,中国OFDI是否提升了出口增加值技术含量呢?具体机制如何?如何才能更好地发挥OFDI对出口增加值技术含量提升的积极作用呢？这是值得深入研究的课题。

许多经典文献研究了 OFDI 与出口规模之间的互补或替代关系。随着出口转型升级问题受到关注，出口技术内涵越来越受到重视，出口测算问题也由出口增加值转向出口增加值技术含量（倪红福，2017）。那么，OFDI 与出口的关系研究由出口规模深入到出口的技术内涵是对现有研究的自然延伸和演进。少数国内学者研究了 OFDI 与出口技术水平提升问题，如蔡冬青和周经（2012）、陈俊聪和黄繁华（2014）、张海波（2014）等，但存在机制分析缺乏针对性、衡量指标不够准确等问题。

准确测算出口技术水平是研究 OFDI 与出口技术水平的关键。大多学者采用 Hausman 等（2005）提出的出口技术复杂度测度出口技术水平（齐俊妍等，2011；戴翔和金碚，2014；刘维林等，2014；洪世勤和刘厚俊，2015）。倪红福（2017）指出用出口技术复杂度衡量出口技术内涵存在较为明显的问题：一是产自不同国家的相同类型产品具有相同的出口技术复杂度，这与现实相悖；二是该指标受许多非技术因素影响，如世界各国人均收入分布；三是应当从生产过程角度衡量出口增加值技术含量，而非产品角度。他从出口增加值、出口污染含量的测度思想出发，扣除产品技术含量中直接和间接从国外进口的部分，得到出口品的完全国内技术含量，以此衡量出口增加值技术含量，本章称之为出口增加值技术含量。本章在倪红福（2017）的测算指标基础上，进一步提出出口增加值技术含量的集约边际、结构边际和规模边际概念及测算方法，一方面分析中国出口增加值技术含量三元边际的变化特征，另一方面为特定机制检验提供可能。

本章将 OFDI 与出口关系研究深入到出口增加值技术含量层面，从以下两个方面推进了现有研究：一是构建一个综合的理论分析框架，从技术效应、生产结构效应和出口规模效应三个方面概括和分析 OFDI 如何改变母国出口增加值技术含量，并实证检验三种特定机制的存在性。二是采用世界投入产出分析方法准确测度出口增加值技术含量，并创造性地提出出口增加值技术含量三元边际概念及测算方式。

第二节 理论机制

某一产品的技术含量是该产品所有生产工序的技术含量加总（Lall et al., 2006）。在全球价值链分工体系下，一国出口品包含的全部技术含量为国外生产环节的技术贡献和出口国的技术贡献之和。出口增加值技术含量特指出口品的完全国内技术含量，即从产品全部技术含量中扣除了从国外直接和间接进口中间品的技术含量（倪红福，2017）。与贸易增加值和隐含污染物的测算原理类似，参照Timmer等（2014）、倪红福（2017）的研究，产品的全部技术含量为中间投入品和最后生产工序的技术含量之和：

$$t_k^i = \sum_{l,j} a_{lk}^{ji} t_l^i + v_k^i tsi_k^i \qquad (6-1)$$

其中 t_k^i 为 i 国 k 部门单位产出的全部技术含量，tsi_k^i 为 i 国 k 部门的直接技术投入，即最后生产工序的技术含量。a_{lk}^{ji} 为 i 国生产一单位 k 部门产出需要直接消耗 j 国 l 部门的产出量，即世界投入产出表中的直接消耗系数。v_k^i 为最后生产环节的增加值率。将式（6-1）表达成矩阵形式为：

$$T = A \times T + V \times TSI \qquad (6-2)$$

式（6-2）中 T 为全部技术含量列向量，A 为直接消耗系数矩阵，V 为增加值率的对角矩阵，TSI 为直接投入的对角矩阵。式（6-2）进一步转换为：

$$T = TSI \times V \times (I - A)^{-1} = TSI \times V \times B \qquad (6-3)$$

那么，单位产出的国内技术含量为所有国内中间投入品的技术含量之和，则单位产出国内技术含量用矩阵形式表示为：

$$DT^m = T^m \times V^m \times B^m \qquad (6-4)$$

DT^m 为 m 国单位产出的国内技术含量矩阵，T^m 为 m 国的行业直接技术投入对角矩阵，V^m 为 m 国行业增加值率对角矩阵，B^m 为里昂

惕夫逆矩阵中的 m 国子矩阵。$V^m \times B^m$ 代表了 m 国的投入产出结构。

那么，当出口向量为 E 时，出口增加值技术含量为：

$$TIT^m = T^m \times V^m \times B^m \times E \qquad (6-5)$$

分解来看，出口增加值技术含量受三方面因素影响：直接技术投入 T、单位产品的国内增加值矩阵 $V \times B$ 和出口总值 E。

OFDI 通过改变直接技术投入、投入产出结构和出口规模三种机制影响母国出口增加值技术含量，定义上述三种机制为技术效应、结构效应和规模效应，具体机制如图 6-1 所示：

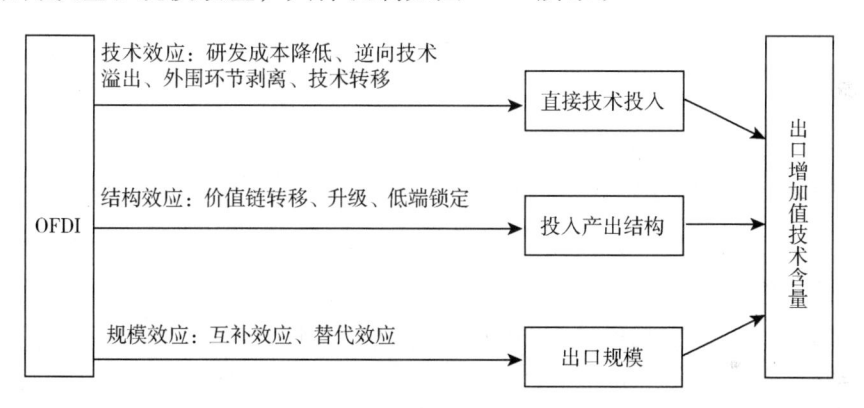

图 6-1　OFDI 对出口增加值技术含量的影响

一　技术效应

OFDI 提升母国的技术水平，影响产品生产的直接技术投入，最终改变出口增加值技术含量，称之为 OFDI 作用于出口增加值技术含量的"技术效应"。本章在赵伟等（2006）的机理系统基础上，结合新的国际分工特征，进一步总结 OFDI 与母国技术进步之间的关系：第一，OFDI 能够实现研发费用均摊，降低研发成本，提高研发回报率和研发水平。一方面，技术水平较高的东道国拥有特定研发集聚优势和人才智力资源，研发要素价格相对较低，利用东道国的研发成本优势能够降低研发费用。另一方面，随着市场规模的开拓，单位产品研发费用将下降，规模经济将带来研发回报率上升。第二，海外子公司获得技术并向母国反馈其技术成果。OFDI 能够通过自行研发、跨国并购或与当地企业进行战略合作直接获得东道国技术，还可以通过龙头企业示范、人员流动和产业关联效应间接获得技术，再利用跨国公司体系向母国反馈和转移相应技术成果，提高母国的技术水平，这就是 OFDI 的"逆向技术溢出效应"。第三，外围环节剥离使得母国企业更加专注核心技术研发，提高母国在核心技术上的创新能力。在全球价值链分工体系下，母国企业将技术含量较低的生产环节如加工、制造转移至东道国，在母国专注核心生产、研发设计和营销环节。专注研发设计环节将直接提高母国的技术水平，从事核心生产等技术含量较高环节能够通过"干中学"效应间接提高技术水平。第四，OFDI 的产业"空心化"效应将降低母国技术存量和技术水平。技术水平较高的国家不仅在研发上具有成本优势，在技术密集产品生产上也有成本优势，为提升生产效率，跨国公司将技术密集型产品或环节从母国转移到该类东道国，导致母国技术密集型产业"空心化"。伴随着技术密集产业"空心化"，无形资产和技术也可能发生转移，母国技术存量和技术水平将下降。

将上述"技术效应"概括为理论假说：

假说 1 OFDI 通过技术效应，具体包括研发成本降低、逆向技术溢出、外围环节剥离，提高了母国技术水平和直接技术投入，提升了出口增加值技术含量。

二 结构效应

OFDI 通过调整产品生产的投入产出结构，进而改变母国出口增加值技术含量，简称为"结构效应"。资本和产业的跨国流动将带来价值链转移和国内价值链发展变化，改变母国在世界投入产出生产系统中的贡献。具体而言：首先，伴随产业资本的跨国流动，OFDI 将国内增值环节转移至海外，那么母国将从国外进口投入品和中间品，产品生产中的国内增加值贡献下降。将行业分成 a 和 b 两种类型，式（6-4）可以转换为式（6-6）。假设 OFDI 带来 a 类行业的增加值环节转移出境，a 类行业的国内增加值贡献由 $V_a^m \times B_a^m$ 变为 $V_a^m \times B_a^m - \Delta$，单位产品的技术含量算式可写为式（6-7），下降 $T_a \times \Delta$。价值链转移效应改变了母国投入产出结构，降低国内增加值贡献和产品技术含量，这是 OFDI 对母国投入产出结构的直接影响。进一步的，产业资本转出后，闲置的土地、劳动等要素将流向其他产业或生产环节，简单假设为由行业 a 流向行业 b，则国内产品生产时更多使用行业 b 的中间品。假设其他生产要素的回报率不变，那么，产品技术含量算式可写为式（6-8），行业 b 的增加值贡献增加 Δ，单位产品的技术含量增加 $T_b \times \Delta$。总的来看，OFDI 通过改变产品生产的投入产出结构带来的技术含量变化净值为 $T_b \times \Delta - T_a \times \Delta$。那么，结构效应带来的技术含量变化取决于国内价值链发展方向，若对外转移的是技术含量较低环节，如资源获取环节，国内发展的是技术含量较高环节，如研发环节，即实现了价值链升级，则 $T_a < T_b$，$T_b \times \Delta - T_a \times \Delta > 0$，产品生产和出口增加值技术含量上升；若对外转移的是技术含量较高环节，如研发设计，国内发展的是技术含量较低环节，如加工制造，即出现价值链低端锁定，则 $T_a > T_b$，$T_b \times \Delta - T_a \times \Delta < 0$，产品生产和出口增加值技术含量下降。

$$DT^m = \begin{bmatrix} T_a^m & 0 \\ 0 & T_b^m \end{bmatrix} \times \begin{bmatrix} V_a^m \times B_a^m \\ V_b^m \times B_b^m \end{bmatrix} \qquad (6-6)$$

$$DT^{m'} = \begin{bmatrix} T_a^m & 0 \\ 0 & T_b^m \end{bmatrix} \times \begin{bmatrix} V_a^m \times B_a^m - \Delta \\ V_b^m \times B_b^m \end{bmatrix} = \begin{bmatrix} T_a^m \times V_a^m \times B_a^m - T_a^m \times \Delta \\ T_b^m \times V_b^m \times B_b^m \end{bmatrix} \qquad (6-7)$$

$$DT^{m''} = \begin{bmatrix} T_a^m & 0 \\ 0 & T_b^m \end{bmatrix} \times \begin{bmatrix} V_a^m \times B_a^m - \Delta \\ V_b^m \times B_b^m + \Delta \end{bmatrix} = \begin{bmatrix} T_a^m \times V_a^m \times B_a^m - T_a^m \times \Delta \\ T_b^m \times V_b^m \times B_b^m + T_b^m \times \Delta \end{bmatrix} \qquad (6-8)$$

将上述结构效应表述为理论假说，如下：

假说 2 OFDI 改变母国产品生产的投入产出结构，通过价值链升级效应或低端锁定效应影响母国出口增加值技术含量。

三 规模效应

OFDI 对母国出口规模存在互补和替代效应,进而改变出口增加值技术含量,简称为"规模效应"。OFDI 对母国出口的互补效应主要体现在如下几个方面:首先,当国内公司在海外设置水平型分支机构时,需要投入大量固定成本设厂,为降低购买成本和交易成本海外分(子)公司倾向于从母国购买生产经营设备或投资品,会促进母国对东道国的产品出口。第二,海外分支机构通常会雇用大量当地员工、与当地政府建立长期关系、加大营销体系建设力度,增强母国产品在东道国的影响力,降低母国产品出口的营销网络建设成本,促进母国出口。这种互补效应在市场寻求型 OFDI 上表现更为明显。第三,除市场寻求型 OFDI 外,资源寻求型、效率寻求型和技术寻求型 OFDI 均以降低生产成本、提升母国产品竞争力为动机。随着母国产品竞争力提升,既有出口品的出口规模增长,同时,非出口产品转变为出口品,出口规模提升。另外,OFDI 对母国出口还存在替代效应。刘海云和毛海欧(2016)认为,水平 OFDI 将母国产品的所有生产环节都转移至其他国家,短期内闲置的生产资源不能马上被利用,生产转移会引起国内生产减少导致出口减少。

将上述出口总量效应表述为理论假说,如下:

假说 3 OFDI 对母国出口规模存在互补效应和替代效应,进而改变出口增加值技术含量。

第三节 实证模型设置及数据处理

一 实证模型设置

出口增加值技术含量本质上来说仍然以出口品为载体,因此我们参照盛斌和廖明中(2004)、Bergstrand 和 Egger(2007)、张会清和唐海燕（2012）的研究，以出口引力模型为基础，设置回归模型实证分析 OFDI 对出口增加值技术含量的影响，具体为：

$$\ln TIE_{ijt} = \alpha_0 + \alpha_1 \ln OFDI_{ijt} + \alpha_2 \ln GDP_{it} + \alpha_3 \ln GDP_{jt} + \alpha_4 d\ln PGDP_{ijt} + \alpha_5 dHUM_{ijt} + \alpha_6 \ln Dis_{ij} + \alpha_7 ADJ_{ij} + \alpha_8 FTA_{ijt} + \alpha_9 OPEN_{jt} + \alpha_{10} FC_t + \varepsilon_{ijt} \quad (6-9)$$

本章分析对象为中国对其他国家的出口，所以 i 指中国，j 指其他样本国，TIE_{ijt} 为第 t 期中国向国家 j 出口增加值技术含量。$OFDI_{ijt}$ 为中国对国家 j 的直接投资存量，其系数 α_1 表示对外直接投资对出口增加值技术含量的影响大小。出口增加值技术含量受两方面因素影响：一方面，出口总量的决定因素将影响出口增加值技术含量，我们控制了引力模型中的经典变量。GDP_{it}、GDP_{jt} 分别为中国和国家 j 的国内生产总值，GDP_{it} 越大表示中国的商品供给能力越强，GDP_{jt} 越大表示国家 j 的需求越高，所以 α_2 和 α_3 的系数均预期为正。DIS_{ij} 为中国与国家 j 的地理距离，DIS_{ij} 越大贸易成本越高，α_6 的符号预期为负。ADJ_{ij} 为中国与国家 j 是否拥有共同边界的虚拟变量，若两国相邻则文化差距较小、贸易成本较低，α_7 的符号预期为正。FTA_{ijt} 为中国与国家 j 是否签订自贸协定或区域贸易协定，两国签订贸易协定将促进贸易成本下降，α_8 的符号预期为正。$OPEN_{jt}$ 为国家 j 的贸易开放度，国家 j 开放程度越高越有可能从中国进口产品，所以 α_9 的预期符号为正。另一方面，出口品的技术密集度将影响出口增加值技术含量。$d\ln PGDP_{ijt}$ 为中国与国家 j 的人均国内生产总值取对数后之差，代表中国与国家 j 的发展程度差距，若中国发展程度较高而国家 j 的发展程度较低，则中国倾向于向国家 j 提供技术水平更高的产品，且产品供给能力也更强，则 $d\ln PGDP_{ijt}$ 越大，出口内含技术水平越高，α_4 的符号预期为正。$dHUM_{ijt}$ 为中国与国家 j 的人力资本水平之差，从供给方面来看，若中国人力资本水平高而国家 j 的人力资本水平低，国家 j 的技术密集产品的供给能力弱，中国在技术密集产品上的相对供给能力强，将出口更多技术密集产品，α_5 符号为正。但从需求角度来看，国家 j 的人力资本水平越高，越偏好消费技术密集度高的产品，中国将出口更多高技术产品，α_5符号为负，所以α_5的符号特征取决于供给和消费两方面作用的相对大小。另外，2007年美国次贷危机爆发后，世界范围内的贸易受到冲击，因此，本章还控制了金融危机发生与否的变量FC_t。

为验证理论部分的技术效应、结构效应和规模效应，我们将TIE_{ijt}替换为出口增加值技术含量集约边际、结构边际、规模边际指标，进一步研究对外直接投资对出口增加值技术含量三元边际的影响[1]。同时，中间品和资本品作为生产投入品，其出口增加值技术含量提高表明中国在全球生产分工体系中的地位提高，所以本章还分析了OFDI对中间品和资本品出口增加值技术含量的影响。

二 数据处理、来源、统计性特征

(一) 出口增加值技术含量

在全球价值链分工背景下，出口增加值技术含量不都来自本国，因此需要采取全球投入产出表测算出口增加值技术含量中属于本国的部分。本章参照Timmer等（2014）、倪红福（2017）的研究，出口增加值技术含量计算如下：

假设世界存在两个国家，每个国家生产N种商品，每种商品可以被作为中间品投入或者直接消费，X_r表示国家r的总产出，Y_{rs}表示国家s对国家r的最终商品需求，A_{rs}为投入产出系数矩阵，表示国家s生产1单位矩阵的商品对国家r的中间品需求矩阵，则：

$$\begin{bmatrix} X_1 \\ X_2 \end{bmatrix} = \begin{bmatrix} A_{11} & A_{12} \\ A_{21} & A_{22} \end{bmatrix} \begin{bmatrix} X_1 \\ X_2 \end{bmatrix} + \begin{bmatrix} Y_{11} & Y_{12} \\ Y_{21} & Y_{22} \end{bmatrix} \quad (6-10)$$

式（6-10）可调整变换为：

$$\begin{bmatrix} X_1 \\ X_2 \end{bmatrix} = \begin{bmatrix} I-A_{11} & -A_{12} \\ -A_{21} & I-A_{22} \end{bmatrix}^{-1} \begin{bmatrix} Y_1 \\ Y_2 \end{bmatrix} = \begin{bmatrix} B_{11} & B_{12} \\ B_{21} & B_{22} \end{bmatrix} \begin{bmatrix} Y_1 \\ Y_2 \end{bmatrix} \quad (6-11)$$

---

[1] 定义和测算见数据处理部分。

矩阵 B_{rs} 为里昂惕夫逆矩阵，表示国家 s 消费 1 单位矩阵的商品需要国家 r 生产的商品数量矩阵。国家 s 的增加值率向量 v_s 为：

$$v_s = \mu \left(I - \sum_r A_{rs} \right), \text{设 } V_1 = diag(v_1), V_2 = diag(v_2)$$
(6-12)

所有国家的增加值率对角矩阵为：

$$V = \begin{bmatrix} V_1 & 0 \\ 0 & V_2 \end{bmatrix}$$

国家 s 的行业直接技术含量列向量为 t_s，则所有国家各行业的直接技术含量对角矩阵为：

$$T = \begin{bmatrix} T_1 & 0 \\ 0 & T_2 \end{bmatrix}, T_1 = diag(t_1), T_2 = diag(t_2)$$

与出口要素含量或污染含量的计算类似，E_{12} 为国家 1 对国家 2 的出口向量，国家 1 对国家 2 出口增加值技术含量的计算公式如下：

$$TIE_{12} = T_1 \times V_1 \times B_{11} \times E_{12} \times \mu \quad (6-13)$$

为检验技术效应、结构效应和规模效应，本章在出口增加值技术含量测算方法基础上进一步提出出口增加值技术含量三元边际测算指标①。出口增加值技术含量的集约边际是指投入产出结构 $V_1 \times B_{11}$ 和出口总量 E_{12} 不变时，直接技术投入变化带来的出口增加值技术含量变化。上标 0 表示基期，第 t 期国家 1 向国家 2 出口增加值技术含量的集约边际为：

$$TIE\_intensive_{12} = T_1^t \times V_1^0 \times B_{11}^0 \times E_{12}^0 \times \mu \quad (6-14)$$

出口增加值技术含量的结构边际是指直接技术投入 T_1、出口总量 E_{12} 不变时，生产结构变化带来的出口增加值技术含量变化，第 t 期国家 1 向国家 2 出口增加值技术含量的结构边际为：

$$TIE\_structure_{12} = T_1^0 \times V_1^t \times B_{11}^t \times E_{12}^0 \times \mu \quad (6-15)$$

---

① 本章提出的出口增加值技术含量三元边际是为了检验对应的三种机制，即集约边际、结构边际和规模边际之和不等于出口增加值技术含量。

出口增加值技术含量的规模边际是指直接技术投入 T_1、投入产出结构 $V_1 \times B_{11}$ 不变时，出口规模变化带来的出口增加值技术含量变化，第 t 期国家 1 向国家 2 出口增加值技术含量的规模边际为：

$$TIE\_volume_{12} = T_1^0 \times V_1^0 \times B_{11}^0 \times E_{12}^t \times \mu \qquad (6-16)$$

其中 T_1^0、V_1^0、B_{11}^0、E_{12}^0 表示基期的直接技术含量矩阵、增加值率矩阵、里昂惕夫逆矩阵和出口矩阵，后文计算时选择 2003 年作为基期。

参照倪红福（2017）的研究，直接技术投入用行业的劳动生产率衡量，即用行业增加值除所使用劳动，数据分别来自 WIOD 的投入产出表和社会经济账户。行业增加值率为增加值与总产值之比，数据来自投入产出表。直接投入产出系数矩阵 A 按照 WIOD 数据计算得到。中国的出口矩阵数据来自 OECD.Stan 数据库。

（二）其他变量来源、处理及统计性特征

所有变量的选取、来源、统计性特征如表 6-1 所示。出口增加值技术含量经笔者自行计算得到，基础数据来自 WIOD 和 OECD.Stan 数据库。中国 OFDI 资本存量数据来自《中国对外直接投资统计公报》。中国和东道国的国内生产总值、人均国内生产总值来自世界银行数据库。人力资本用高等教育入学率衡量，相应指标值来自世界银行数据库。中国与东道国的首都距离和是否拥有共同边界数据来自 CEPII 数据库。中国与东道国是否签订自贸协定或区域自贸协定来自 WTO 网站[①]。东道国贸易开放度指标经世界银行数据库中进出口贸易占总产出比重计算得到。

表 6-1　　　　　　　　变量数据来源及统计特征

变量	定义	数据来源	均值	最小值	最大值
$\ln TIE_{ijt}$	出口增加值技术含量	根据 WIOD 数据和 OECD.Stan 出口数据计算得到	16.603	9.812	22.521

① https://www.wto.org/english/tratop_e/region_e.

续表

变量	定义	数据来源	均值	最小值	最大值
$\ln OFDI_{ijt}$	OFDI资本存量	《中国对外直接投资统计公报》	8.305	1.386	13.915
$\ln GDP_{it}$	母国国内生产总值	世界银行数据库	29.134	28.699	29.531
$\ln GDP_{jt}$	东道国国内生产总值	世界银行数据库	25.179	20.388	30.353
$d\ln PGDP_{ijt}$	母国与东道国人均国内生产产出之差	根据世界银行数据库计算得到	-0.394	-3.389	2.674
$dHUM_{ijt}$	母国与东道国人力资本之差	根据世界银行数据库计算得到	-14.721	-98.839	24.075
$\ln Dis_{ij}$	母国与东道国首都距离	CEPII数据库	8.945	6.862	9.868
ADJ_{ij}	母国与东道国是否拥有共同边界	CEPII数据库	0.089	0	1
FTA_{ijt}	母国与东道国是否签订贸易协定	WTO网站	0.121	0	1
$OPEN_{jt}$	东道国贸易开放度	世界银行数据库	81.824	0.200	319.037

第四节　实证结果分析

首先，我们分别采用随机效应模型、一步法系统GMM、两步法系统GMM估计回归式（6-9），以实证分析中国OFDI对其出口增加值技术含量的作用方向，回归结果如表6-2所示。其次，我们用出口增加值技术含量三元边际指标代替式（6-9）中的$\ln TIT_{ijt}$进行回归分析，检验技术效应、结构效应和规模效应是否存在，回归结果如表6-3所示。再次，我们分析OFDI对中间品和资本品出口增加值技术含量的差异化影响，具体结果如表6-4所示。最后，分析了不同动机 OFDI 对出口增加值技术含量及其三元边际的差异化影响，具体如表 6-5、表 6-6、表 6-7 所示。参照 Arellano 和 Bond (1991) 的研究结论，我们采用一步法系统 GMM 估计结果进行系数检验，采用两步法系统 GMM 估计结果给出的 Sargan 统计量进行模型筛选，所以表 6-3、表 6-4、表 6-5、表 6-6、表 6-7 中的回归系数为采用一步法系统 GMM 估计得到，而相应两步法估计的 AR (1)、AR (2) 和 Sargan 检验结果汇总如表 6-8 所示。

一 基本回归

表 6-2 中结果（1）和（2）分别为仅控制核心变量 $lnOFDI_{ijt}$ 和控制所有变量的随机效应估计结果，结果（3）和（4）为一步法系统 GMM 估计、两步法系统 GMM 估计结果。首先，$lnOFDI_{ijt}$ 的系数在所有回归结果中均显著为正，表明中国的 OFDI 促进了中国出口增加值技术含量提升。其次，各控制变量的符号与理论预期相符。$lnGDP_i$ 的系数显著为正，表明中国产品供给能力提升促进了中国出口增加值技术含量提高。$lnGDP_{it}$ 的估计系数显著为正，表明东道国总需求提高增加了对中国产品的需求，通过促进出口提高了出口增加值技术含量。$dlnPGDP_{ijt}$ 的系数显著为正，表明中国与东道国人均产出差距越大，中国与东道国发展水平差距越大，中国就能够向东道国提供数量更多和技术含量更多的产品，此时中国的产品供给能力在其中扮演主要角色。$dHUM_{ijt}$ 的系数显著为负，表明东道国相较中国的人力资本水平越低，在高技术产品上的需求相对越少，中国出口增加值技术含量越低。结果（2）中 $lnDis_{ij}$ 的符号显著为负，其他结果虽不显著但符号方向也为负，说明距离作为贸易成本的决定变量，也在一定程度上抑制了出口增加值技术含量增长。结果（3）中 ADJ_{ij} 的系数显著为正，其他结果中其系数符号虽不显著但也为正，表明中国对邻近国家出口增加值技术含量更高，这也许是由出口总量更多所致。结果（3）中 FTA_{ijt} 的系数显著为正，表明签订贸易协

定降低了双边贸易成本,能够促进中国出口增加值技术含量提升。$OPEN_{jt}$的系数显著为正,表明东道国贸易开放水平越高,越有可能从中国进口产品,那么中国的出口增加值技术含量就越高。比较不同方法的回归结果发现,核心变量系数和控制变量系数的符号方向和显著性水平没有发生明显变化,说明一步法系统 GMM 估计对本章来说是较为稳健的估计方法。

表6-2 OFDI 影响出口增加值技术含量的基本回归结果

变量	(1) 随机效应 $\ln TIE_{ijt}$	(2) 随机效应 $\ln TIE_{ijt}$	(3) 一步法系统 GMM $\ln TIE_{ijt}$	(4) 两步法系统 GMM $\ln TIE_{ijt}$
$L.\ln TIE_{ijt}$			0.5788 ***	0.4895 ***
			(5.54)	(3.50)
$\ln OFDI_{ijt}$	0.6430 ***	0.0225 *	0.0490 ***	0.0600 ***
	(37.15)	(1.78)	(3.44)	(2.83)
$\ln GDP_i$		3.1946 ***	1.1122 ***	1.3132 ***
		(28.71)	(4.39)	(4.25)
$\ln GDP_{it}$		0.9442 ***	0.3695 ***	0.4493 ***
		(19.00)	(4.08)	(3.81)
$d\ln PGDP_{ijt}$		0.2064 ***	0.1388 ***	0.1645 ***
		(3.00)	(4.03)	(4.15)
$dHUM_{ijt}$		-0.0056 ***	-0.0043 ***	-0.0053 ***
		(-2.80)	(-3.29)	(-3.11)
$\ln Dis_{ij}$		-0.3280 **	-0.0565	-0.0712
		(-2.13)	(-1.53)	(-0.99)
ADJ_{ij}		0.4277	0.1463 ***	0.1389
		(1.43)	(3.28)	(1.24)
FTA_{ijt}		-0.0092	0.0750 *	0.0918
		(-0.13)	(1.85)	(1.65)
$OPEN_{jt}$		0.0064 ***	0.0048 ***	0.0058 ***
		(6.99)	(4.89)	(4.43)

续表

变量	(1)随机效应 $\ln TIE_{ijt}$	(2)随机效应 $\ln TIE_{ijt}$	(3)一步法系统 GMM $\ln TIE_{ijt}$	(4)两步法系统 GMM $\ln TIE_{ijt}$
FC_t		0.0387	-0.0533	-0.0116
		(0.96)	(-0.98)	(-0.14)
_cons	11.1783***	-98.0710***	-34.7706***	-41.2548***
	(51.81)	(-30.42)	(-4.42)	(-4.39)
N	738	738	668	668

资料来源：笔者利用 Stata12.0 软件计算得到。

二 机制检验

OFDI 可能通过技术效应、结构效应和规模效应三种渠道改变中国出口增加值技术含量，我们将相应的出口增加值技术含量三元边际变量代替出口增加值技术含量，再对式（6-9）进行回归分析，以检验 OFDI 影响出口增加值技术含量的机制，比较三种效应的相对大小。表6-3的结果（6）、（7）、（8）分别为技术效应、结构效应和规模效应的检验结果。结果（6）中 $\ln OFDI_{ijt}$ 的系数显著为正，表明流向东道国的 OFDI 资本存量增加促进了中国出口增加值技术含量集约边际提高，说明 OFDI 资本存量增加提高了中国行业直接技术投入，证实技术效应机制存在。结果（7）中 $\ln OFDI_{ijt}$ 的系数显著为正，表明 OFDI 资本存量增加提高了出口增加值技术含量结构边际，表明由生产结构优化带来的出口增加值技术含量增加大于生产转移带来的出口增加值技术含量减少，OFDI 的生产结构效应总体为正，生产结构效应存在。结果（8）中 $\ln OFDI_{ijt}$ 的系数显著为正，表明 OFDI 提高了出口增加值技术含量规模边际，对中国产品的互补效应大于替代效应，通过提高出口规模促进了出口增加值技术含量提升，出口规模效应存在。比较结果（6）、（7）、（8）中 $\ln OFDI_{ijt}$ 的系数发现，OFDI 对出口增加值技术含量三元边际变量的影响由大到小排序：集约边际、规模边际和结构边际，意味着 OFDI 的技术效应大于规模效应，规模效应大于结构效应。

表 6-3　　　　　OFDI 影响出口增加值技术含量的机制检验

变量	(6) 技术效应 $\ln TIE\_inten_{ijt}$	(7) 结构效应 $\ln TIE\_struc_{ijt}$	(8) 规模效应 $\ln TIE\_volu_{ijt}$
$L.\ln TIE\_inten_{ijt}$	0.2101*** (4.13)		
$L.\ln TIE\_struc_{ijt}$		0.9323*** (97.94)	
$L.\ln TIE\_volu_{ijt}$			0.3316*** (4.23)
$\ln OFDI_{ijt}$	0.0989*** (14.90)	0.0096*** (5.73)	0.0897*** (7.30)
$\ln GDP_i$	0.1368*** (5.29)	0.1390*** (7.64)	0.7230*** (7.15)
$\ln GDP_{it}$	0.7131*** (15.54)	0.0592*** (6.77)	0.5707*** (8.35)
$d\ln PGDP_{ijt}$	0.2433*** (15.24)	0.0195*** (5.23)	0.2054*** (7.56)
$dHUM_{ijt}$	-0.0073*** (-14.65)	-0.0007*** (-5.17)	-0.0073*** (-7.07)
$\ln Dis_{ij}$	-0.3460*** (-14.74)	-0.0256*** (-4.34)	-0.1131*** (-4.11)
ADJ_{ij}	-0.1774*** (-10.31)	-0.0163** (-2.08)	0.1720*** (4.45)
FTA_{ijt}	0.0932*** (7.14)	0.0159** (2.37)	0.1351*** (4.19)
$OPEN_{jt}$	0.0072*** (15.55)	0.0006*** (5.97)	0.0068*** (8.25)
FC_t	0.0752*** (4.85)	-0.0838*** (-12.19)	-0.1198*** (-3.31)

续表

变量	(6) 技术效应 lnTIE_inten_{ijt}	(7) 结构效应 lnTIE_struc_{ijt}	(8) 规模效应 lnTIE_volu_{ijt}
_cons	-8.1276 *** (-10.79)	-4.3997 *** (-8.84)	-24.9554 *** (-7.61)
N	668	668	668

资料来源：笔者利用 Stata12.0 软件计算得到。

三 中间品与资本品

在垂直专业化分工体系下，生产投入品出口竞争力提高是出口结构优化的重要内容。中间品和资本品是重要的生产投入品，OFDI 对二者出口增加值技术含量的影响可能不同。总出口、中间品和资本品生产时所耗费的直接技术投入和投入产出结构是一样的，因此我们比较分析 OFDI 对总出口、中间品和资本品出口增加值技术含量及其规模边际的影响。回归结果如表 6-4 所示。就中间品出口而言，结果（9）和结果（10）中 ln$OFDI_{ijt}$ 的系数显著为正，表明 OFDI 显著促进了中国中间品出口增加值技术含量和规模边际，且对规模边际的促进作用大于对出口增加值技术含量的作用。将结果（9）、（10）与结果（3）、（8）比较发现，OFDI 对中间品出口增加值技术含量的正向效应大于对总出口的相应作用，对中间品出口增加值技术含量规模边际的促进作用大于对总出口相应促进作用，说明 OFDI 更加能够促进中间品出口增加值技术含量和出口总量增长。就资本品出口而言，结果（11）、（12）中 ln$OFDI_{ijt}$ 的系数显著为正，表明 OFDI 能够显著提升中国资本品出口增加值技术含量及其规模边际。将资本品出口与总出口、中间品出口的回归结果比较发现，OFDI 对资本品出口增加值技术含量及其规模边际的促进效应远远小于对总出口和中间品出口的相应作用，表明 OFDI 在提高资本品出口增加值技术含量上相对乏力。

表 6-4 中间品与资本品的比较分析

变量	(9) 中间品 $\ln TIE\_inter_{ijt}$	(10) 中间品规模边际 $\ln TIE\_inter\_volu_{ijt}$	(11) 资本品 $\ln TIE\_cap_{ijt}$	(12) 资本品规模边际 $\ln TIE\_cap\_volu_{ijt}$
$L.\ln TIE\_inter_{ijt}$	0.4528*** (3.22)			
$L.\ln TIE\_inter\_volu_{ijt}$		0.0576 (0.53)		
$L.\ln TIE\_cap_{ijt}$			0.5488*** (6.79)	
$L.\ln TIE\_cap\_volu_{ijt}$				0.4828*** (6.66)
$\ln OFDI_{ijt}$	0.0743*** (3.59)	0.1285*** (7.90)	0.0289** (2.04)	0.0358*** (2.72)
$\ln GDP_i$	1.4600*** (5.09)	0.8613*** (8.31)	1.6998*** (8.72)	1.0012*** (7.06)
$\ln GDP_{it}$	0.4862*** (3.86)	0.8437*** (8.55)	0.4839*** (5.80)	0.5507*** (7.33)
$d\ln PGDP_{ijt}$	0.2072*** (3.83)	0.3566*** (8.36)	0.2133*** (5.38)	0.2390*** (6.60)
$dHUM_{ijt}$	-0.0049*** (-3.47)	-0.0087*** (-7.67)	-0.0049*** (-3.64)	-0.0056*** (-4.51)
$\ln Dis_{ij}$	-0.1884*** (-2.94)	-0.3549*** (-7.11)	-0.0587 (-1.27)	-0.0804* (-1.86)
ADJ_{ij}	-0.0318 (-0.67)	-0.1000** (-2.54)	0.0422 (0.56)	0.0328 (0.46)
FTA_{ijt}	0.2176*** (3.44)	0.3665*** (7.28)	0.0672 (1.11)	0.0615 (1.08)
$OPEN_{jt}$	0.0049*** (3.98)	0.0083*** (8.48)	0.0044*** (5.11)	0.0049*** (6.20)
FC_t	-0.1026 (-1.47)	-0.0640* (-1.71)	-0.2387*** (-2.84)	-0.2403*** (-3.44)

续表

变量	(9) 中间品 $\ln TIE\_inter_{ijt}$	(10) 中间品规模边际 $\ln TIE\_inter\_volu_{ijt}$	(11) 资本品 $\ln TIE\_cap_{ijt}$	(12) 资本品规模边际 $\ln TIE\_cap\_volu_{ijt}$
_cons	-45.2816 *** (-4.99)	-30.6613 *** (-8.67)	-55.0464 *** (-8.76)	-35.7440 *** (-8.23)
N	668	668	668	668

资料来源：笔者利用Stata12.0软件计算得到。

四　OFDI动机与出口增加值技术含量

OFDI通常有四种动机：资源寻求、市场寻求、技术寻求和效率寻求，效率寻求可能体现在很多方面，较难界定，而前三种OFDI动机能够通过一定的方法识别出来，因此，本章识别出具有资源寻求、市场寻求和技术寻求动机的OFDI样本组，分析和比较三类动机OFDI对出口增加值技术含量的影响及差异。

资源寻求型OFDI能够直接降低母国的资源使用成本和国内的资源投入份额，进一步改变母国产品生产的投入产出结构，同时也可能通过互补效应和替代效应改变母国出口总额。某些自然资源丰富国家和地区，如非洲、西亚、中亚等地区，能够吸引资源寻求型OFDI。本章的资源包括石油、矿石等不可再生资源和农林牧渔等可再生资源，若某国的资源品出口占比大于30%，则该国为资源丰裕型国家，中国对该国的OFDI为资源寻求型OFDI。依据此条件，以各样本国2003年的出口数据测算得到，属于资源寻求型OFDI的样本国家包括阿尔及利亚等25个国家或地区[①]。

资源寻求型OFDI对出口增加值技术含量效应的回归结果如表6-5所示。结果（13）中$\ln OFDI_{ijt}$的系数显著为正，表明资源寻求

---

① 资源寻求型OFDI样本国包括阿尔及利亚、澳大利亚、贝宁、博茨瓦纳、文莱、喀麦隆、哥伦比亚、加纳、印度尼西亚、伊朗、肯尼亚、马达加斯加、马拉维、毛里塔尼亚、蒙古国、尼日尔、尼日利亚、巴拿马、卡塔尔、俄罗斯、卢旺达、沙特阿拉伯、坦桑尼亚、乌干达、委内瑞拉。

型 OFDI 能够显著促进中国出口增加值技术含量提升。三种机制检验结果如（14）、（15）、（16）所示，结果（14）中 OFDI 的系数不显著，说明资源寻求型 OFDI 对中国没有显著的技术效应。结果（15）中 OFDI 的系数显著为正，表明资源寻求型 OFDI 将资源密集度较高的产业或生产环节转移到其他国家，能够降低中国资源行业的投入密度，相应提高其他行业的投入密度，优化中国生产投入结构，提高中国出口增加值技术含量。且与结果（7）相比，资源寻求型 OFDI 的生产结构效应远远大于总体 OFDI 的生产结构效应，表明资源寻求型 OFDI 有效地优化了中国投入产出结构。结果（16）中 OFDI 的系数也显著为正，说明资源寻求型 OFDI 提高了东道国对中国的产品需求，促进了中国出口增长，通过规模效应提高了出口增加值技术含量。

表 6-5　　　　　　　资源寻求型 OFDI 与出口增加值技术含量

变量	（13） $\ln TIE_{ijt}$	（14） $\ln TIE\_inten_{ijt}$	（15） $\ln TIE\_struc_{ijt}$	（16） $\ln TIE\_volu_{ijt}$
$L.\ln TIE_{ijt}$	0.3058 (1.39)			
$L.\ln TIE\_inten_{ijt}$		0.9139*** (9.41)		
$L.\ln TIE\_struc_{ijt}$			0.8384*** (15.04)	
$L.\ln TIE\_volu_{ijt}$				0.5448*** (5.88)
$\ln OFDI_{ijt}$	0.0809** (2.02)	0.0146 (0.74)	0.0339*** (3.53)	0.0685*** (2.80)
$\ln GDP_i$	1.8096*** (3.61)	0.1477 (1.59)	-0.0677 (-0.68)	0.4971*** (2.69)
$\ln GDP_{it}$	0.6619*** (3.20)	0.0969 (0.93)	0.1642*** (2.75)	0.4173*** (4.59)
$d\ln PGDP_{ijt}$	0.3120*** (3.08)	0.0573 (0.97)	0.0899*** (2.69)	0.1924*** (3.74)

续表

变量	(13) $\ln TIE_{ijt}$	(14) $\ln TIE\_inten_{ijt}$	(15) $\ln TIE\_struc_{ijt}$	(16) $\ln TIE\_volu_{ijt}$
$dHUM_{ijt}$	-0.0160***	-0.0017	-0.0029***	-0.0105***
	(-3.18)	(-0.96)	(-2.63)	(-3.91)
$\ln Dis_{ij}$	-0.1205*	-0.0251	-0.0212	-0.0453
	(-1.72)	(-1.01)	(-1.09)	(-0.67)
ADJ_{ij}	-0.5832***	-0.0982	-0.1299**	-0.3642**
	(-2.61)	(-0.98)	(-2.20)	(-2.25)
FTA_{ijt}	0.0467	0.0225	0.0729***	0.0710
	(0.49)	(0.60)	(3.46)	(0.77)
$OPEN_{jt}$	0.0164***	0.0027	0.0040***	0.0109***
	(3.43)	(1.00)	(2.75)	(4.50)
FC_t	0.0700	-0.0711***	-0.0840***	-0.0950
	(0.65)	(-2.75)	(-5.63)	(-1.21)
_cons	-58.6102***	-5.3606***	-0.1529	-18.5304***
	(-3.54)	(-3.44)	(-0.07)	(-3.20)
N	207	207	207	207

资料来源：笔者利用Stata12.0软件计算得到。

我们将市场需求潜力较大的国家或地区，视为市场寻求型OFDI国家样本。用GDP增长率作为市场需求潜力的衡量指标，样本国中GDP增长率排名前20的国家视为市场需求潜力较大的国家，并视之为市场寻求型OFDI样本国[①]。市场寻求型OFDI与中国出口增加值

---

① 市场寻求型OFDI不仅追求绝对的市场规模，也追求市场的增长潜力。采用GDP总量或人均GDP作为市场寻求型OFDI的判断标准的不足之处在于：GDP总量和人均GDP也是发展水平的衡量指标，发达国家和发展中国家的区分就基于此。那么使用GDP总量或人均GDP作为市场寻求型OFDI的判断标准，其样本与技术寻求型OFDI的样本有60%以上的重复，那也就不能分析市场寻求型OFDI和技术寻求型OFDI的差异化影响了。而使用GDP增长率作为市场寻求型OFDI不仅识别了该类OFDI的市场寻求动机，还能够区分市场寻求和技术寻求两种动机，达到分析两种OFDI不同影响的目的。市场寻求型OFDI样本国包括阿根廷、孟加拉、柬埔寨、古巴、加纳、印度、约旦、马拉维、蒙古国、莫桑比克、尼日利亚、巴拿马、秘鲁、卡塔尔、卢旺达、坦桑尼亚、乌干达、乌拉圭、委内瑞拉、越南。

技术含量关系的回归结果如表 6-6 所示。结果（17）中 $\ln OFDI_{ijt}$ 的系数显著为正，表明市场寻求型 OFDI 也能够显著提升中国出口增加值技术含量。机制检验结果如（18）、（19）、（20）所示，OFDI 的系数特征表明，市场寻求型 OFDI 显著地提高了中国的出口，而对中国的技术投入和投入产出结构没有显著影响，仅对出口增加值技术含量存在出口规模效应，其技术效应和结构效应都不显著。

表 6-6　　　　市场寻求型 OFDI 与出口增加值技术含量

变量	(17) $\ln TIE_{ijt}$	(18) $\ln TIE\_inten_{ijt}$	(19) $\ln TIE\_struc_{ijt}$	(20) $\ln TIE\_volu_{ijt}$
$L.\ln TIE_{ijt}$	0.2726 (1.18)			
$L.\ln TIE\_inten_{ijt}$		0.9243*** (63.15)		
$L.\ln TIE\_struc_{ijt}$			2.0808*** (2.91)	
$L.\ln TIE\_volu_{ijt}$				0.1818* (1.68)
$\ln OFDI_{ijt}$	0.0412** (2.11)	0.0017 (0.45)	-0.0644 (-1.40)	0.0578*** (4.26)
$\ln GDP_i$	2.0555*** (3.28)	0.1853*** (4.92)	1.8058* (1.69)	1.0501*** (6.00)
$\ln GDP_{it}$	0.7403*** (3.09)	0.0934*** (5.32)	-1.2269 (-1.51)	0.8231*** (7.21)
$d\ln PGDP_{ijt}$	0.2248*** (2.73)	0.0474*** (4.87)	-0.5903 (-1.51)	0.2529*** (5.76)
$dHUM_{ijt}$	-0.0094*** (-2.80)	-0.0013*** (-4.22)	0.0166 (1.50)	-0.0108*** (-6.15)
$\ln Dis_{ij}$	-0.0663 (-1.02)	-0.0361*** (-2.65)	0.3457 (1.47)	-0.0347 (-0.80)
ADJ_{ij}	-0.1120 (-1.09)	-0.0811*** (-3.28)	0.9978 (1.49)	-0.1203 (-1.49)

续表

变量	(17) $\ln TIE_{ijt}$	(18) $\ln TIE\_inten_{ijt}$	(19) $\ln TIE\_struc_{ijt}$	(20) $\ln TIE\_volu_{ijt}$
FTA_{ijt}	0.2200***	-0.0061	-0.2483	0.2989***
	(2.65)	(-0.32)	(-1.36)	(4.45)
$OPEN_{jt}$	0.0165***	0.0023***	-0.0303	0.0189***
	(3.30)	(5.44)	(-1.51)	(7.23)
FC_t	0.1032	-0.0657***	-0.3006*	0.0137
	(1.03)	(-3.87)	(-1.93)	(0.21)
_cons	-67.4525***	-6.2970***	-37.5844*	-39.8993***
	(-3.27)	(-5.85)	(-1.76)	(-6.58)
N	161	161	161	161

资料来源：笔者利用Stata12.0软件计算得到。

技术寻求型OFDI倾向于流向经济发达、技术先进的发达国家，如美国、日本等。商务部《中国对外直接投资统计公报》中的发达国家（地区）主要包括欧盟、美国、加拿大、澳大利亚、日本、新西兰、挪威、瑞士和以色列。实际上，联合国也将韩国和新加坡列入发达国家，结合本章所选取的样本，最终确定美国等20个国家为技术寻求型OFDI样本国[①]。技术寻求型OFDI与出口增加值技术含量的回归结果如表6-7所示。结果（21）中OFDI的系数显著为正，表明技术寻求型OFDI提高了中国出口增加值技术含量。结果（22）中OFDI的系数显著为正，表明技术寻求型OFDI提高了中国技术水平，提升生产时的直接技术投入，促进了出口增加值技术含量提高。该结果证实技术寻求型OFDI对中国出口增加值技术含量的技术效应显著存在。结果（23）中OFDI的系数显著为正，表明流向发达国家的OFDI还能够优化中国投入产出结构，通过结构效应提高中国出口增加值技术含量。结果（24）中OFDI系数也显著为正，

---

① 技术寻求型OFDI样本国包括奥地利、澳大利亚、比利时、丹麦、法国、爱尔兰、以色列、意大利、日本、韩国、拉脱维亚、马耳他、荷兰、新西兰、斯洛伐克、西班牙、瑞典、瑞士、英国、美国。

表明技术寻求型 OFDI 也能够促进中国产品出口,通过规模效应提高中国出口增加值技术含量。

表6-7　　　　　技术寻求型 OFDI 与出口增加值技术含量

变量	(21) $\ln TIE_{ijt}$	(22) $\ln TIE\_inten_{ijt}$	(23) $\ln TIE\_struc_{ijt}$	(24) $\ln TIE\_volu_{ijt}$
$L.\ln TIE_{ijt}$	0.4337*** (5.37)			
$L.\ln TIE\_inten_{ijt}$		0.2534 (1.28)		
$L.\ln TIE\_struc_{ijt}$			0.5713*** (6.48)	
$L.\ln TIE\_volu_{ijt}$				0.6142*** (6.40)
$\ln OFDI_{ijt}$	0.0850*** (5.29)	0.1232*** (3.79)	0.0559*** (4.78)	0.0688*** (3.33)
$\ln GDP_i$	1.0026*** (5.56)	0.0771 (1.02)	-0.2000** (-2.04)	-0.0053 (-0.03)
$\ln GDP_{it}$	0.5821*** (7.00)	0.7311*** (3.78)	0.4287*** (4.81)	0.3846*** (4.01)
$d\ln PGDP_{ijt}$	0.3509*** (6.40)	0.0251 (1.09)	0.0048 (0.31)	0.2792*** (4.34)
$dHUM_{ijt}$	-0.0050*** (-2.84)	-0.0072*** (-3.54)	-0.0040*** (-3.69)	-0.0030 (-1.58)
$\ln Dis_{ij}$	-0.1465*** (-3.20)	-0.3509*** (-3.71)	-0.1981*** (-4.61)	-0.0859* (-1.66)
FTA_{ijt}	0.0256 (0.29)	0.0519 (1.21)	0.0505 (1.57)	0.0099 (0.11)
$OPEN_{jt}$	0.0068*** (7.28)	0.0064*** (3.80)	0.0034*** (4.61)	0.0048*** (4.16)
FC_t	-0.0913 (-1.33)	0.1260** (1.99)	-0.0043 (-0.16)	-0.1696** (-2.42)

续表

变量	(21) $\ln TIE_{ijt}$	(22) $\ln TIE\_inten_{ijt}$	(23) $\ln TIE\_struc_{ijt}$	(24) $\ln TIE\_volu_{ijt}$
_cons	-33.9417***	-8.0978***	2.1061	-3.0278
	(-5.96)	(-3.86)	(0.95)	(-0.66)
N	160	160	160	160

资料来源：笔者利用Stata12.0软件计算得到。

系统 GMM 估计的相关检验结果如表 6-8 所示，检验结果编号与前文回归结果编号对应。系统 GMM 估计是指将差分 GMM 和水平 GMM 结合起来，将差分方程和水平方程作为一个方程系统进行估计。那么，为保证差分 GMM 估计的一致性，待估计方程的扰动项 ε_{it} 应当不存在二阶或更高阶的自相关，所以 AR（2）检验的 p 值应当为大于 0.1 的数值。另外，系统 GMM 所选的工具变量应当经过过度识别检验（Sargan 检验），不拒绝"所有工具变量都有效"的原假设，Sargan 检验的 p 值应当大于 0.1。表 6-8 中所列的所有回归结果，其 AR（2）和 Sargan 检验的 p 值都符合要求，说明文中的系统 GMM 估计是有效的。

表 6-8　　　　　　　系统 GMM 估计相关检验结果

	(3)	(4)	(5)	(6)	(7)	(8)
AR (1)	[0.000]	[0.000]	[0.000]	[0.648]	[0.001]	[0.024]
AR (2)	[0.533]	[0.793]	[0.789]	[0.122]	[0.366]	[0.118]
Sargan 检验	[0.386]	[0.386]	[0.386]	[0.726]	[0.136]	[0.834]
	(9)	(10)	(11)	(12)	(13)	(14)
AR (1)	[0.006]	[0.445]	[0.005]	[0.002]	[0.152]	[0.087]
AR (2)	[0.937]	[0.837]	[0.483]	[0.754]	[0.504]	[0.119]
Sargan 检验	[0.648]	[0.406]	[0.252]	[0.383]	[0.281]	[0.906]
	(15)	(16)	(17)	(18)	(19)	(20)
AR (1)	[0.007]	[0.159]	[0.552]	[0.541]	[0.484]	[0.028]
AR (2)	[0.255]	[0.181]	[0.612]	[0.113]	[0.491]	[0.308]
Sargan 检验	[0.158]	[0.995]	[0.878]	[0.995]	[0.930]	[0.879]

续表

	(21)	(22)	(23)	(24)		
AR（1）	[0.121]	[0.589]	[0.063]	[0.006]		
AR（2）	[0.936]	[0.844]	[0.560]	[0.126]		
Sargan 检验	[0.810]	[0.888]	[0.773]	[0.773]		

资料来源：笔者利用 Stata12.0 软件计算得到。

第五节　小结

本章从技术效应、结构效应和规模效应三个方面提出分析框架，采用 WIOD 数据测算中国对 84 个国家的出口国内技术含量及其三元边际，运用系统 GMM 方法实证检验中国 OFDI 对出口增加值技术含量的影响和三种特定机制的存在性。研究发现：

①OFDI 通过技术效应、结构效应和规模效应三个渠道提高了母国出口增加值技术含量，实证结果表明技术效应最大，规模效应次之，结构效应相对较小。

②就出口品类型而言，中国 OFDI 对中间品出口增加值技术含量的正向作用较为突出，大于对总出口的促进作用，而对资本品出口增加值技术含量的促进作用相对较小。

③就 OFDI 动机类型而言，资源寻求型 OFDI 有效地改善了母国投入产出结构、促进了出口规模增长，市场寻求型 OFDI 对出口增加值技术含量的促进作用较为有限，仅出口总量机制显著存在，技术寻求型 OFDI 对出口增加值技术含量的正向效应高于总体 OFDI，且其技术效应、结构效应和规模效应都显著存在。

第七章

结论、启示与不足

第一节 主要结论

一 OFDI 对出口增加值规模和行业结构的影响

本书深入分析了 OFDI 影响出口增加值规模和结构的特定性机制，认为水平 OFDI 和垂直 OFDI 对出口增加值有差异化的影响，并运用跨国面板数据进行实证分析，主要结论如下：①就规模效应而言，中国制造业的水平和垂直 OFDI 均促进了出口增加值提升，但垂直 OFDI 的促进作用大于水平 OFDI。进一步分析 OFDI 影响出口增加值的滞后效应发现，对发展中国家的水平 OFDI 较垂直 OFDI 对出口增加值有更加显著、持久的促进作用，而对发达国家的垂直 OFDI 较水平 OFDI 对出口增加值有更显著、持久的促进作用，说明中国对发达国家下游生产环节布局型垂直 OFDI 具有较强的互补效应。②就结构效应而言，水平 OFDI 通过跨国产业转移、要素跨行业流动等渠道降低了母国出口增加值中资源行业占比，提升了生产性服务业占比，优化了中国制造业出口增加值结构。垂直 OFDI 促进了生产性服务业占比提升，对高端生产性服务业占比的促进作用尤其突出，说明垂直 OFDI 有利于母国形成"总部经济"，促进出口增加值结构改善。

二 对外直接投资对出口增加值劳动结构的影响

本书拓展 Feenstra 和 Hanson（1995）的理论模型，同时考虑顺—逆分工梯度 OFDI，研究了发展中国家 OFDI 对出口增加值劳动结构的影响机制，发现存在价值链转移效应和技术溢出效应。利用 2003 年到 2009 年 WIOD 数据测算中国对 64 个国家的出口增加值劳动结构，采用 OFDI 面板数据对理论假说进行实证检验。研究发现：①逆分工梯度 OFDI 导致高端环节转出，价值链转移效应为负，而逆向技术溢出效应提高了出口增加值高技术劳动占比，但负效应大于正效应，逆分工梯度 OFDI 恶化了出口增加值劳动结构。②顺分工梯度 OFDI 的低端价值链转移效应提高了母国出口增加值高技术劳动占比，但逆向技术溢出效应导致边际产业竞争优势加强，降低了出口增加值高技术劳动占比，而正效应小于负效应。

三 对外直接投资对出口增加值技术含量的影响

本书从技术效应、结构效应和规模效应三个方面提出分析框架，采用 WIOD 数据测算中国对 84 个国家的出口国内技术含量及其三元边际，运用系统 GMM 方法实证检验中国 OFDI 对出口增加值技术含量的影响和三种特定机制的存在性。研究发现：①OFDI 通过技术效应、结构效应和规模效应三个渠道提高了母国出口增加值技术含量，实证结果表明技术效应最大，规模效应次之，结构效应相对较小。②就出口品类型而言，中国 OFDI 对中间品出口增加值技术含量的正向作用较为突出，大于对总出口的促进作用，而对资本品出口增加值技术含量的促进作用相对较小。③就 OFDI 动机类型而言，资源寻求型 OFDI 有效地改善了母国投入产出结构、促进了出口规模增长，市场寻求型 OFDI 对出口增加值技术含量的促进作用较为有限，仅出口规模效应显著存在，技术寻求型 OFDI 对出口增加值技术含量的正向效应高于总体 OFDI，且其技术效应、结构效应和规模效应都显著存在。

第二节 政策启示

本书的研究结论对中国制定与出口贸易转型升级相适宜的对外直接投资政策有较大启示。

一 对出口增加值增长与其行业结构优化的启示意义

一是有效利用对外直接投资促进贸易模式转型，拉动国内生产出口。中国制造业出口面临着低增值率困境，加工贸易"两头在外"的模式对国内生产的出口带动作用非常有限，贸易模式转型需求极为迫切。此时对外直接投资可以作为贸易模式转型的突破口和国内生产出口增长的关键推动力量，在"走出去"大规模发生的背景下，通过定向引导可以实现上述目的。例如，大力鼓励国内资本以垂直OFDI的方式走出国门，通过互补效应提高国外市场对中国制造业中间品的需求，改变进口中间品再组装出口的贸易模式，促使我国由"制造品组装国"向"制造品关键部件供应国"转变，真正带动国内增加值出口、提升分工地位。

二是利用对外直接投资改善出口增加值行业结构，推动出口产业升级。中国制造品出口不仅增加值率较低，而且低端化问题严重，技术、资本、服务要素投入占比过低，如何改善出口产品结构、推动出口产业升级是一大难题。从产品增加值结构的角度看，OFDI能够有效地降低制造业出口产品增加值的资源行业占比、提升生产性服务业占比，意味着OFDI对出口产品结构调整和产业升级有重要意义。但值得注意的是OFDI既可能优化出口增加值结构，又可能使出口增加值结构恶化，需要合适的国内产业政策和投资政策保障OFDI的出口增加值结构优化效果。因此，为使水平OFDI能够有效降低国内制造业生产对资源投入的依赖程度，对外直接投资政策应当引导低技术行业进行水平OFDI，同时国内产业政策应当注重引导跨国流动性较差的生产要素向高技术行业流动；为保障垂直 OFDI 有效促进母国"总部经济"形成，对外直接投资政策应当限制总部服务生产环节向外转移，引导低端环节向海外转移，同时通过改善制度环境、提升人力资本水平等提升母国对高端生产性服务业的吸引力。

三是重视水平和垂直 OFDI 的差异性，针对不同的制造业制定差异化的对外投资政策。目前，中国的对外投资政策较为注重"走出去"的数量而相对忽视"走出去"方式，事实上，水平 OFDI 意味着国内生产部门向外转移，可以成为国际产能合作的重要方式，而垂直 OFDI 可在全球布局制造产业，有助于利用全球资源和市场形成新的比较优势，也有利于优化产业增加值结构。具体而言：对钢铁、建材等产能过剩行业，鼓励资本以水平 OFDI 的方式流向"一带一路"沿线、拉美、非洲等地区，既实现国内过剩产能向外转移，深化中国与重点国家和地区的国际产能合作，又有利于降低国内相关行业的资源密集度，实现集约发展、改善增加值结构；对装备制造业，一方面鼓励相对劣势行业如高端数控机床制造业对发达国家垂直 OFDI，这样既能利用发达国家的技术资源而又不会导致本国产业"空心化"，另一方面鼓励具有比较优势的行业如交通运输、通信设备制造业等以垂直 OFDI 的形式将非核心流程和环节布局到其他发展中国家，腾出资源发展核心环节关键工序，推进中国制造标准体系和系统在其他国家的应用普及，逐步提升中国在世界装备制造标准确立中的话语权；对食品加工、纺织等中国具有在位优势的劳动密集型产业，在国内要素价格上升的压力下，鼓励其以垂直 OFDI 方式将低增值环节布局到其他国家，着重在中国建立和发展"总部经济"，增强对全球价值链的管理能力，实现全球产业布局、重塑成本优势。

二 对出口增加值劳动结构优化的启示意义

一是警惕逆分工梯度 OFDI 高端价值链转出效应引致的高端产业

或环节"空心化"。虽然逆分工梯度 OFDI 的逆向技术溢出效应促进了母国出口增加值劳动结构优化，但其高端价值链转出效应对出口增加值劳动结构的负面影响还未引起相当重视。通常流向发达国家的 OFDI 涉及高技术劳动密集环节或产业转移，如果调控不得当，将使母国陷入高端环节或产业"空心化"的困境，沦为制造和加工基地。如何避免母国陷入"低端化"困境是重要的问题。本书建议要注重鼓励本地企业在海外和母国同时建立研发等高技术劳动密集的机构，获得发达国家技术溢出，更要注重保留本土在高端环节或产业上的分工，避免因高端产业剥离而陷入低端困境。

二是充分发挥顺分工梯度 OFDI 的低端价值链转出效应，提高母国出口增加值技术劳动占比。鼓励和引导具有优势的企业主动 OFDI，将低端生产环节和边际产业转出至具有成本优势的地区，培育本土跨国公司、形成以我为主的全球价值链，实现在全球配置资源，最终将母国建成"总部基地"。与此同时，母国要合理引导资源流动，完善制度环境，保证低端产业转出后高端产业能够继起，使得产业沿着良性的生命周期发展。

三是防范顺分工梯度 OFDI 技术溢出带来的边际产业"逆转移"。当母国处于相对分工高端位置时，OFDI 带来的逆向技术溢出强化了母国在低技术劳动密集生产环节上的比较优势，使得边际产业和低端环节出现由东道国转向母国，出现产业的"逆转移"，进而挤占高端产业发展资源，阻碍产业升级进程，降低出口增加值技术劳动占比。然而，技术溢出是自然发生和不可避免的，本书建议注重国内产业政策引导，坚持"去产能"、调结构等供给侧改革，保证腾出资源发展高端产业。

三 对提升出口增加值技术含量的启示意义

一是重视 OFDI 对母国出口增加值技术含量的多种作用机制，充分发挥其技术效应、结构效应和规模效应。OFDI 提升母国出口增加值技术含量的途径是多样的，逆向技术溢出机制只是其中一种。本书建议充分利用 OFDI 的多种作用机制，不仅重视 OFDI 的技术获取功能，还应当发挥其边际产业、过剩产能行业转移作用，通过促进母国价值链升级、优化投入产出结构提升出口增加值技术含量。

二是利用 OFDI 提高中间品出口竞争力和国际分工地位。本书的研究表明 OFDI 不仅显著提升了母国出口增加值技术含量，更在中间品出口增加值技术含量上表现突出。中间品出口竞争力提升是一国全球价值链分工地位提升的重要表现，OFDI 能够提升母国中间品出口增加值技术含量，说明 OFDI 是提高母国全球价值链分工地位的重要手段。

三是鼓励和支持资源寻求型和技术寻求型 OFDI，有效发挥 OFDI 对母国出口技术水平的作用。不同动机 OFDI 的分析表明，市场寻求型 OFDI 在规模效应上表现较为突出，而在技术提升和生产结构改善上作用较小，资源寻求型 OFDI 能够显著改善母国生产的投入产出结构，流向发达国家的技术寻求型 OFDI 则在技术效应、结构效应和规模效应上均有突出表现。

第三节　研究不足与展望

一　研究不足

本书虽然从出口增加值规模、行业结构、劳动结构和技术含量四个方面拓展了经典的 OFDI 与出口关系研究，但依然存在许多不足。第一，研究数据局限。本书使用国家面板和行业面板数据研究了中国对外直接投资对出口增加值的影响，由于微观数据可得性和处理复杂性的问题，尚未从微观企业层面开展研究。第二，理论研究局限。本书尝试性地采用文献梳理和逻辑演绎分析 OFDI 影响出口增加值规模、行业结构、技术含量的机制，但由于缺乏 OFDI 与出口增加值的数理研究框架和笔者自身能力所限，未能使用数理分析模型进行研究。第三，研究内容局限。一是出口增加值内含资本、内含污染等内容也是可行的研究对象，由于时间和篇幅所限，本书仅研究了出口增加值规模、行业结构、劳动结构和技术含量四种内涵；二是对于要素密集特征不同的行业，如资本密集行业、劳动密集行业，OFDI 可能对出口增加值有不同的影响，本书没有针对不同行业进行深入分析。

二 研究展望

针对本书的研究局限，未来将从以下几个方面进行后续研究：第一，搜集和运用微观企业数据研究企业 OFDI 对其出口增加值的影响，从微观企业层面揭示 OFDI 对企业出口增加值的影响。第二，以垂直专业化分工理论等数理模型为基础，建立 OFDI 与出口增加值的理论分析模型，以标准的分析范式研究 OFDI 对出口增加值的影响，深层次地揭示该问题的本质。第三，分析 OFDI 对出口增加值内含资本、内含要素密集度、内含污染等的影响，拓展出口增加值的研究内涵。第四，不同要素密集度的行业，其 OFDI 可能对出口增加值及其内含劳动、技术等影响不同，在数据可行的前提下，对于不同要素密集度行业可以针对性地分析 OFDI 的差异化影响。

附　　录

附表 1　　水平 OFDI 对出口增加值的滞后效应的完整回归结果

变量	发达国家			发展中国家		
L1.ln OFDI_SP	0.0207 *** (2.617)			0.0390 *** (3.049)		
L2.ln OFDI_SP		0.0146 (1.463)			0.0279 ** (2.061)	
L3.ln OFDI_SP			0.0030 (0.622)			0.0219 *** (3.044)
$\ln GDP_{jt}$	0.7017 *** (5.758)	0.6699 *** (5.399)	0.6880 *** (4.698)	0.8940 *** (2.955)	0.7569 *** (3.384)	0.7901 *** (3.545)
$\ln PGDP_{jt}$	1.0690 *** (4.955)	0.9471 *** (4.523)	0.6527 *** (2.590)	−0.0059 (−0.060)	−0.0284 (−0.340)	−0.0246 (−0.327)
$\ln GDP_{it}$	1.0831 *** (7.970)	0.8910 *** (8.175)	0.7598 *** (8.656)	1.4634 *** (7.404)	1.3528 *** (7.265)	1.0983 *** (6.166)
$\ln Dis_{ij}$	−0.4171 *** (−2.894)	−0.3941 ** (−2.550)	−0.3501 ** (−2.104)	−0.5476 *** (−11.648)	−0.5298 *** (−13.374)	−0.5071 *** (−13.095)
FC_t	−0.1998 *** (−4.915)	−0.1535 *** (−4.731)	−0.1078 *** (−3.862)	−0.2845 *** (−4.692)	−0.2833 *** (−4.049)	−0.2382 *** (−2.779)
_cons	−47.3435 *** (−14.243)	−40.0153 *** (−11.430)	−34.2031 *** (−8.583)	−51.2961 *** (−6.949)	−44.3232 *** (−7.516)	−38.3109 *** (−6.132)
N	96	84	72	56	49	42
校正的 R^2	0.9868	0.9910	0.9924	0.9533	0.9478	0.9573

注：* 表示 10% 置信水平显著；** 表示 5% 置信水平显著；*** 表示 1% 置信水平显著。下同。

附表2　垂直OFDI对出口增加值的滞后效应的完整回归结果

变量	发达国家			发展中国家		
L1.ln OFDI_CZ	0.0461*** (2.858)			0.0493* (1.825)		
L2.ln OFDI_CZ		0.0285* (1.772)			0.0187 (0.909)	
L3.ln OFDI_CZ			0.0144* (1.685)			-0.0086 (-0.743)
$\ln GDP_{jt}$	0.6832*** (4.294)	0.6695*** (4.963)	0.6755*** (4.583)	0.6499*** (3.221)	0.6990*** (3.164)	0.7788*** (2.940)
$\ln PGDP_{jt}$	1.1614*** (5.837)	0.9395*** (4.483)	0.6720*** (2.827)	-0.0312 (-0.403)	-0.0434 (-0.510)	-0.0423 (-0.439)
$\ln GDP_{it}$	0.9378*** (5.988)	0.8466*** (8.363)	0.7036*** (9.134)	1.6803*** (8.314)	1.5353*** (7.007)	1.3674*** (6.156)
$\ln Dis_{ij}$	-0.4617*** (-3.020)	-0.4138*** (-2.700)	-0.3634** (-2.206)	-0.5525*** (-12.935)	-0.5390*** (-10.924)	-0.5149*** (-9.433)
FC_t	-0.1736*** (-4.703)	-0.1619*** (-4.525)	-0.1140*** (-3.716)	-0.3112*** (-4.671)	-0.2698*** (-3.980)	-0.2169*** (-2.739)
_cons	-43.6364*** (-7.138)	-38.6862*** (-9.621)	-32.4652*** (-7.993)	-50.5679*** (-7.175)	-47.6072*** (-6.204)	-45.1107*** (-5.649)
N	96	84	72	56	49	42
校正的R^2	0.9882	0.9915	0.9927	0.9465	0.9462	0.9584

附表3　水平OFDI影响出口内含资源行业增加值中的完整回归结果

	(1)	(2)	(3)	(4)
$\ln OFDI\_SP$	0.0541*** (5.409)			
L1.$\ln OFDI\_SP$		0.0279*** (4.025)		
L2.$\ln OFDI\_SP$			0.0170** (2.197)	
L3.$\ln OFDI\_SP$				0.0113* (1.865)

续表

	(1)	(2)	(3)	(4)
$\ln GDP_{jt}$	0.9057***	0.9146***	0.8693***	0.8203***
	(8.498)	(8.433)	(8.212)	(8.276)
$\ln PGDP_{jt}$	0.1509	0.1112	0.1061	0.1152
	(1.519)	(1.148)	(1.140)	(1.397)
$\ln GDP_{it}$	1.2254***	1.1227***	0.9425***	0.7654***
	(10.669)	(11.221)	(10.750)	(10.191)
$\ln Dis_{ij}$	−0.5514***	−0.5311***	−0.5109***	−0.4963***
	(−7.592)	(−8.243)	(−8.578)	(−8.413)
FC_t	−0.2974***	−0.2691***	−0.2249***	−0.1787***
	(−8.608)	(−8.018)	(−7.178)	(−5.577)
_cons	−48.5400***	−45.5076***	−39.2813***	−33.1629***
	(−13.494)	(−12.049)	(−10.706)	(−11.068)
N	171	152	133	114
校正的R^2	0.9641	0.9784	0.9826	0.9858

附表4 水平 OFDI 影响出口内含生产性服务业增加值的完整回归结果

	(1)	(2)	(3)	(4)
$\ln OFDI\_SP$	0.0486***			
	(5.342)			
$L1.\ln OFDI\_SP$		0.0365***		
		(4.483)		
$L2.\ln OFDI\_SP$			0.0258***	
			(2.798)	
$L3.\ln OFDI\_SP$				0.0134**
				(2.055)
$\ln GDP_{jt}$	1.0355***	0.9426***	0.8726***	0.8331***
	(6.919)	(7.666)	(7.613)	(7.435)
$\ln PGDP_{jt}$	0.1875	0.1488	0.1229	0.1056
	(1.487)	(1.368)	(1.234)	(1.102)
$\ln GDP_{it}$	1.4342***	1.3702***	1.1654***	0.9054***
	(13.340)	(13.782)	(13.128)	(11.644)

续表

	(1)	(2)	(3)	(4)
$\ln Dis_{ij}$	-0.5215***	-0.4988***	-0.4710***	-0.4567***
	(-4.097)	(-4.972)	(-5.698)	(-5.829)
FC_t	-0.2431***	-0.2380***	-0.1942***	-0.1177***
	(-6.850)	(-6.705)	(-6.005)	(-3.299)
_cons	-58.7418***	-54.0774***	-46.3391***	-37.8890***
	(-12.951)	(-13.521)	(-12.374)	(-12.239)
N	171	152	133	114
校正的R^2	0.9725	0.9749	0.9779	0.9823

附表5　垂直OFDI影响出口内含生产性服务业增加值的完整回归结果

	(1)	(2)	(3)	(4)
$\ln OFDI\_CZ$	0.0595***			
	(4.456)			
$L1.\ln OFDI\_CZ$		0.0391***		
		(2.994)		
$L2.\ln OFDI\_CZ$			0.0222*	
			(1.725)	
$L3.\ln OFDI\_CZ$				0.0019
				(0.181)
$\ln GDP_{jt}$	1.0950***	0.9853***	0.9162***	0.8727***
	(6.497)	(7.300)	(7.506)	(7.512)
$\ln PGDP_{jt}$	0.1308	0.1138	0.1009	0.0936
	(0.967)	(0.981)	(0.994)	(0.971)
$\ln GDP_{it}$	1.5128***	1.4015***	1.2168***	0.9739***
	(10.905)	(10.738)	(10.205)	(8.292)
$\ln Dis_{ij}$	-0.5259***	-0.5020***	-0.4801***	-0.4602***
	(-4.358)	(-5.287)	(-5.796)	(-5.716)
FC_t	-0.2522***	-0.2201***	-0.1788***	-0.1037***
	(-6.970)	(-6.753)	(-5.392)	(-3.031)
_cons	-62.2341***	-55.9133***	-48.7507***	-40.7133***
	(-9.454)	(-10.032)	(-9.903)	(-9.126)

续表

	(1)	(2)	(3)	(4)
N	171	152	133	114
校正的R^2	0.9714	0.9733	0.9770	0.9819

附表6   垂直OFDI影响出口内含高端生产性服务业增加值的完整回归结果

	(1)	(2)	(3)	(4)
$\ln OFDI\_CZ$	0.0757***			
	(4.960)			
$L1.\ln OFDI\_CZ$		0.0493***		
		(3.465)		
$L2.\ln OFDI\_CZ$			0.0251*	
			(1.861)	
$L3.\ln OFDI\_CZ$				0.0050
				(0.452)
$\ln GDP_{jt}$	1.0509***	0.9665***	0.9190***	0.8723***
	(6.866)	(7.558)	(7.728)	(7.599)
$\ln PGDP_{jt}$	0.1192	0.1027	0.0924	0.0809
	(0.912)	(0.900)	(0.915)	(0.849)
$\ln GDP_{it}$	1.4867***	1.3152***	1.0730***	0.8138***
	(9.708)	(9.436)	(8.897)	(6.862)
$\ln Dis_{ij}$	-0.5178***	-0.4926***	-0.4698***	-0.4495***
	(-4.922)	(-5.748)	(-5.996)	(-5.967)
FC_t	-0.2370***	-0.1912***	-0.1339***	-0.0560*
	(-6.297)	(-5.864)	(-4.108)	(-1.647)
$\_cons$	-61.8557***	-54.5167***	-46.3163***	-37.7005***
	(-9.383)	(-9.718)	(-9.503)	(-8.483)
N	171	152	133	114
校正的R^2	0.9629	0.9678	0.9753	0.9797

参考文献

保罗·克鲁格曼：《克鲁格曼国际贸易新理论》，中国社会科学出版社2001年版。

蔡冬青、周经：《对外直接投资对出口技术水平的提升研究——理论与基于中国省际面板数据的实证》，《世界经济研究》2012年第12期。

陈俊聪：《对外直接投资对服务出口技术复杂度的影响——基于跨国动态面板数据模型的实证研究》，《国际贸易问题》2015年第9期。

陈俊聪、黄繁华：《对外直接投资与贸易结构优化》，《国际贸易问题》2014年第3期。

陈立敏、杨振、侯再平：《出口带动还是出口代替——中国企业对外直接投资的边际产业战略检验》，《财贸经济》2010年第2期。

陈愉瑜：《中国对外直接投资的贸易结构效应》，《统计研究》2012年第9期。

程大中：《中国生产性服务业的水平、结构及影响——基于投入产出法的国际比较研究》，《经济研究》2008年第1期。

程大中：《中国增加值贸易隐含的要素流向扭曲程度分析》，《经济研究》2014年第9期。

程大中、李韬、姜彬：《要素价格差异与要素跨国流向：对HOV模型的检验》，《世界经济》2015年第3期。

代谦、别朝霞：《人力资本、动态比较优势与发展中国家产业结构升级》,《世界经济》2006年第11期。

戴翔:《中国制造业国际竞争力——基于贸易附加值的测算》,《中国工业经济》2015年第1期。

戴翔、金碚:《产品内分工、制度质量与出口技术复杂度》,《经济研究》2014年第7期。

杜威剑、李梦洁:《对外直接投资会提高企业出口产品质量吗——基于倾向得分匹配的变权估计》,《国际贸易问题》2015年第8期。

樊茂清、黄薇:《基于全球价值链分解的中国贸易产业结构演进研究》,《世界经济》2014年第2期。

樊秀峰、程文先:《中国制造业出口附加值估算与影响机制分析》,《中国工业经济》2015年第6期。

冯春晓:《我国对外直接投资与产业结构优化的实证研究——以制造业为例》,《国际贸易问题》2009年第8期。

高敏雪、李颖俊:《对外直接投资发展阶段的实证分析——国际经验与中国现状的探讨》,《管理世界》2004年第1期。

高运胜、甄程成、郑乐凯:《中国制成品出口欧盟增加值分解研究——基于垂直专业化分工视角》,《数量经济技术经济研究》2015年第9期。

顾雪松、韩立岩、周伊敏:《产业结构差异与对外直接投资的出口效应——"中国—东道国"视角的理论与实证》,《经济研究》2016年第4期。

洪世勤、刘厚俊:《中国制造业出口技术结构的测度及影响因素研究》,《数量经济技术经济研究》2015年第3期。

黄先海、杨高举:《中国高技术产业的国际分工地位研究：基于非竞争型投入占用产出模型的跨国分析》,《世界经济》2010年第5期。

贾妮莎、韩永辉、邹建华:《中国双向FDI的产业结构升级效应：理论机制与实证检验》,《国际贸易问题》2014年第11期。

江希、刘似臣：《中国制造业出口增加值及影响因素的实证研究——以中美贸易为例》，《国际贸易问题》2014年第11期。

江小涓：《我国出口商品结构的决定因素和变化趋势》，《经济研究》2007年第5期。

姜延书、何思浩：《中国纺织服装业出口贸易增加值核算及影响因素研究》，《国际贸易问题》2016年第8期。

蒋冠宏、蒋殿春：《中国企业对外直接投资的出口效应》，《经济研究》2014年第5期。

李东坤、邓敏：《中国省际OFDI、空间溢出与产业结构升级——基于空间面板杜宾模型的实证分析》，《国际贸易问题》2016年第1期。

李文秀、姚洋洋：《要素比例、技术差异与出口增加值——基于中美两国双边贸易出口的实证研究》，《财贸经济》2015年第6期。

李夏玲、王志华：《对外直接投资的母国贸易结构效应——基于我国省际面板数据分析》，《经济问题探索》2015年第4期。

刘斌、王杰、魏倩：《对外直接投资与价值链参与：分工地位与升级模式》，《数量经济技术经济研究》2015年第12期。

刘海云、毛海欧：《国家国际分工地位及其影响因素——基于"GVC地位指数"的实证分析》，《国际经贸探索》2015年第8期。

刘海云、毛海欧：《制造业OFDI对出口增加值的影响》，《中国工业经济》2016年第7期。

刘海云、聂飞：《中国OFDI动机及其对外产业转移效应——基于贸易结构视角的实证研究》，《国际贸易问题》2015年第10期。

刘海云、聂飞：《中国制造业对外直接投资的空心化效应研究》，《中国工业经济》2015年第4期。

刘明宇、芮明杰、姚凯：《生产性服务价值链嵌入与制造业升级的协同演进关系研究》，《中国工业经济》2010年第8期。

刘维林、李兰冰、刘玉海：《全球价值链嵌入对中国出口技术复杂度的影响》，《中国工业经济》2014年第6期。

刘志彪、张杰：《全球代工体系下发展中国家俘获型网络的形成、突破与对策——基于 GVC 与 NVC 的比较视角》，《中国工业经济》2007 年第 5 期。

刘遵义、陈锡康、杨翠红：《非竞争型投入占用产出模型及其应用——中美贸易顺差透视》，《中国社会科学》2007 年第 5 期。

鲁晓东、李荣林：《中国对外贸易结构、比较优势及其稳定性检验》，《世界经济》2007 年第 10 期。

马淑琴、谢杰：《网络基础设施与制造业出口产品技术含量——跨国数据的动态面板系统 GMM 检验》，《中国工业经济》2013 年第 2 期。

毛其淋、许家云：《中国对外直接投资促进抑或抑制了企业出口？》，《数量经济技术经济研究》2014 年第 9 期。

倪红福：《中国出口技术含量动态变迁及国际比较》，《经济研究》2017 年第 1 期。

潘文卿、王丰国、李根强：《全球价值链背景下增加值贸易核算理论综述》，《统计研究》2015 年第 3 期。

齐俊妍、王永进、施炳展、盛丹：《金融发展与出口技术复杂度》，《世界经济》2011 年第 7 期。

乔晶、胡兵：《对外直接投资如何影响出口——基于制造业企业的匹配倍差检验》，《国际贸易问题》2015 年第 4 期。

盛斌、廖明中：《中国的贸易流量与出口潜力：引力模型的研究》，《世界经济》2004 年第 2 期。

苏庆义：《中国省级出口的增加值分解及其应用》，《经济研究》2016 年第 1 期。

隋月红、赵振华：《出口贸易结构的形成机理：基于我国 1980—2005 年的经验研究》，《国际贸易问题》2008 年第 3 期。

隋月红、赵振华：《我国 OFDI 对贸易结构影响的机理与实证——兼论我国 OFDI 动机的拓展》，《财贸经济》2012 年第 4 期。

汤婧、于立新：《我国对外直接投资与产业结构调整的关联分析》，

《国际贸易问题》2012 年第 11 期。

王佳宁、蔡春林、熊启泉、陈万灵、黄晓凤：《贸易强国的四重考量——改革传媒发行人、编辑总监王佳宁深度对话四位学者》，《改革》2016 年第 11 期。

王岚：《融入全球价值链对中国制造业国际分工地位的影响》，《统计研究》2014 年第 5 期。

王英、刘思峰：《OFDI 对我国产业结构的影响：基于灰关联的分析》，《世界经济研究》2008 年第 4 期。

卫瑞、张文城、张少军：《全球价值链视角下中国增加值出口及其影响因素》，《数量经济技术经济研究》2015 年第 7 期。

魏浩、王聪：《附加值统计口径下中国制造业出口变化的测算》，《数量经济技术经济研究》2015 年第 6 期。

吴先明、黄春桃：《中国企业对外直接投资的动因：逆向投资与顺向投资的比较研究》，《中国工业经济》2016 年第 1 期。

夏明、张红霞：《跨国生产、贸易增加值与增加值率的变化——基于投入产出框架对增加值率的理论解析》，《管理世界》2015 年第 2 期。

项本武：《中国对外直接投资的贸易效应研究——基于面板数据的协整分析》，《财贸经济》2009 年第 4 期。

谢杰、刘任余：《基于空间视角的中国对外直接投资的影响因素与贸易效应研究》，《国际贸易问题》2011 年第 6 期。

许宪春：《世界银行对中国官方 GDP 数据的调整和重新认可》，《经济研究》1999 年第 6 期。

杨连星、刘晓光：《中国 OFDI 逆向技术溢出与出口技术复杂度提升》，《财贸经济》2016 年第 6 期。

张春萍：《中国对外直接投资的贸易效应研究》，《数量经济技术经济研究》2012 年第 6 期。

张海波：《对外直接投资对母国出口贸易品技术含量的影响——基于跨国动态面板数据模型的实证研究》，《国际贸易问题》2014 年第 2 期。

张海燕：《基于附加值贸易测算法对中国出口地位的重新分析》，《国际贸易问题》2013 年第 10 期。

张会清、唐海燕：《中国的出口潜力：总量测算、地区分布与前景展望——基于扩展引力模型的实证研究》，《国际贸易问题》2012 年第 1 期。

张纪凤、黄萍：《替代出口还是促进出口——我国对外直接投资对出口的影响研究》，《国际贸易问题》2013 年第 3 期。

张杰、陈志远、刘元春：《中国出口国内附加值的测算与变化机制》，《经济研究》2013 年第 10 期。

张凌霄、王明益：《企业对外投资动机与母国出口产品质量升级》，《山东社会科学》2016 年第 9 期。

张小蒂、朱勤：《论全球价值链中我国企业创新与市场势力构建的良性互动》，《中国工业经济》2007 年第 5 期。

张咏华：《中国制造业增加值出口与中美贸易失衡》，《财经研究》2013 年第 2 期。

张幼文：《要素收益与贸易强国道路》，人民出版社 2016 年版。

张幼文：《以要素流动理论研究贸易强国道路》，《世界经济研究》2016 年第 10 期。

赵蓓文：《实现中国对外贸易的战略升级：从贸易大国到贸易强国》，《世界经济研究》2013 年第 4 期。

赵伟、古广东、何元庆：《外向 FDI 与中国技术进步：机理分析与尝试性实证》，《管理世界》2006 年第 7 期。

郑宝银：《"走向贸易强国之路学术峰会"会议综述》，《国际贸易问题》2011 年第 6 期。

郑丹青：《外资进入对企业出口贸易增加值的影响研究——基于生产要素收入视角》，《经济问题探索》2016 年第 2 期。

郑丹青、于津平：《中国出口贸易增加值的微观核算及影响因素研究》，《国际贸易问题》2014 年第 8 期。

周升起、兰珍先、付华:《中国制造业在全球价值链国际分工地位再考察——基于 Koopman 等的 GVC 地位指数》,《国际贸易问题》2014 年第 2 期。

祝坤福、陈锡康、杨翠红:《中国出口的国内增加值及其影响因素分析》,《国际经济评论》2013 年第 4 期。

Adler, M., Stevens, G., "The Trade Effects of Direct Investment", *The Journal of Finance*, Vol. 29, No. 2, 1974, pp. 655 - 676.

Akamatsu K., "The Trade Trend of Woolen Products in Our Country", *Review of Business and Economy*, Vol. 13, No. 2, 1935.

Ambos, T. C., Ambos, B., Schlegelmilch, B. B., "Learning from Foreign Subsidiaries: An Empirical Investigation of Headquarters' Benefits from Reverse Knowledge Transfers", *International Business Review*, Vol. 15, No. 3, 2006.

Antras P., Garicano L., Rossi-Hansberg E., "Offshoring in a Knowledge Economy", *The Quarterly Journal of Economics*, Vol. 121, No. 1, 2006.

Antras P., Helpman E., "Global Sourcing", *Journal of Political Economy*, Vol. 112, No. 3, 2004.

Antras P., "Firms, Contracts, and Trade Structure", *The Quarterly Journal of Economics*, Vol. 118, No. 4, 2003.

Antras P., "Incomplete Contracts and The Product Cycle", *The American Economic Review*, Vol. 95, No. 4, 2005.

Antras P., Chor D., Fally T., Hillberry R., "Measuring the Upstreamness of Production and Trade Flows", *American Economic Review*, Vol. 102, No. 3, 2012.

Antras, P., Yeaple, S. R., Multinational Firms and The Structure of International Trade, NBER Working paper, 2013, No. w18775.

Arellano M., Bond S., "Some Tests of Specification for Panel Data: Monte Carlo Evidence and an Application to Employment Equations", *Review of Economic Studies*, Vol. 58, No. 2, 1991.

Arellano M., Bover O., "Another Look at The Instrumental Variable Estimation of Error-Components Models", *Journal of Econometrics*, Vol. 68, No. 1, 1995.

Arndt, S. W., "Globalization and The Open Economy", *The North American Journal of Economics and Finance*, Vol. 8, No. 1, 1997.

Arndt, S. W., "Super-specialization and The Gains from Trade", *Contemporary Economic Policy*, Vol. 16, No. 4, 1998.

Arndt, S. W., and Kierzkowski, H., Fragmentation: *New Production Patterns in the World Economy*, Oxford: Oxford University Press, 2001.

Atalay E., Hortaçsu A., Syverson C., "Vertical integration and input flows", *The American Economic Review*, Vol. 104, No. 4, 2014.

Bergsten, C. F., Horst, T., Moran, T. H., *American Multinationals and American Interests*, Washington, D. C.: Brookings Institution, 1978.

Bergstrand, J. H., Egger, P., "A Knowledge-and Physical-capital Model of International Trade Flows, Foreign Direct Investment and Multinational Enterprises", *Journal of International Economics*, Vol. 73, No. 2, 2007.

Bernard A. B., Eaton J., Jensen J. B., Kortum S., "Plants and Productivity in International Trade", *American Economic Review*, Vol. 93, No. 4, 2003.

Blomström M., Fors G., Lipsey R. E., "Foreign Direct Investment and Employment: Home Country Experience in The United States and Sweden", *The Economic Journal*, Vol. 107, No. 445, 1997.

Blonigen, B. A., "In Search of Substitution between Foreign Production and Export", *Journal of International Economics*, Vol. 53, No. 1, 2001.

Bowen H. P., Leamer E. E., Sveikauskas, L., "Multi-country, Multi-factor Tests of the Factor Abundance Theory", *The American Economic Review*, Vol. 77, No. 5, 1987.

Brainard S. L., A simple theory of multinational corporations and trade with a trade-off between proximity and concentration. NBER working paper, 1993, No. 4269.

Branstetter L. , "Is foreign direct investment a channel of knowledge spillovers? Evidence from Japan's FDI in the United States", *Journal of International Economics*, Vol. 68, No. 2, 2006.

Browning H. L. , Singelmann, L. , The Emergence of a Service Society: Demographic and Sociological Aspects of the Sectoral Transformation of the Labor Force in the USA, National Technical Information Service, 1975.

Buckley, P. J. , Casson, M. , "The Optimal Timing of Foreign Direct Investment", *The Economic Journal*, Vol. 91, No. 361, 1981.

Caves R. , "International Corporations: the Industrial Economics of Foreign Investment", *Economica*, Vol. 38, No. 149, 1971.

Cowling K. , Tomlinson P. , "The problem of regional hollowing out in Japan: lessons for regional industrial policy", in *Urban and Regional Prosperity in a Globalised Economy*, 2003.

Davis, D. R. , Weinstein, E. , "An Account of Global Factor Trade", *The American Economic Review*, Vol. 91, No. 5, 2001.

Dean J. M. , Fung K. C. , Wang Z. , "Measuring Vertical Specialization: The Case of China", *Review of International Economics*, Vol. 19, No. 4, 2011.

Deardorff A. V. , "International Provision of Trade Services, Trade, and Fragmentation", *Review of International Economics*, Vol. 9, No. 2, 2001.

Dunning J. H. , "Explaining Changing Patterns of International Production: In Defence of the Eclectic Theory", *Oxford bulletin of economics and statistics*, Vol. 41, No. 4, 1979.

Elia S. , Mariotti I. , Piscitello L. , "The Impact of Outward FDI on The Home Country's Labour Demand and Skill Composition", *International Business Review*, Vol. 18, No. 4, 2009.

Falzoni, A. M., Bruno, G. S. F., Crinò, R., Foreign Direct Investment, Wage Inequality and Skilled Labour Demand in EU Accession Countries, Centro Studi Luca d'Agliano Development Studies Working Paper No. 188, 2004.

Feenstra R. C., Hanson, G. H., "Foreign Direct Investment and Relative Wages: Evidence from Mexico's Maquiladoras", *Journal of International Economics*, Vol. 42, No. 3, 1997.

Feenstra, R. C., Hanson, G. H., Foreign Investment, Outsourcing and Relative Wages. NBER Working Paper, 1995, No. w5121.

Feenstra, R. C., Hanson, G. H., Global production sharing and rising inequality: a survey of trade and wages, Choi, E. K. and Harrigan, J. Handbook of International Trade, Oxford: Blackwell Publishing Ltd., 2003.

Feenstra, R. C., Hanson, G. H., "Productivity Measurement and The Impact of Trade and Technology on Wages: Estimates for the U. S., 1972 – 1990", *Quarterly Journal of Economics*, Vol. 114, No. 4, 1999.

Feenstra, R., "Integration of Trade and Disintegration of Production in the Global Economy", *The Journal of Economic Perspectives*, Vol. 12, No. 4, 1998.

Feenstra, R., Hanson, G., "Globalization, Outsourcing, and Wage Inequality", *The American Economic Review*, Vol. 86, No. 2, 1996.

Figini P., Görg H., "Does Foreign Direct Investment Affect Wage Inequality? An Empirical Investigation", *The World Economy*, Vol. 34, No. 9, 2011.

Findlay R., Jones R. W., "Input Trade and the Location of Production", *The American Economic Review*, Vol. 92, No. 2, 2001.

Grossman G. M., Helpman E., "Outsourcing in a global economy", *The Review of Economic Studies*, Vol. 72, No. 1, 2005.

Grossman G. M., Helpman E., "Integration versus Outsourcing in Industry Equilibrium", *The Quarterly Journal of Economics*, Vol. 117, No. 1, 2002.

Harhoff D., Mueller E., Reenen J., "What Are the Channels For Technology Sourcing? Panel Data Evidence from German Companies", *Journal of Economics & Management Strategy*, Vol. 23, No. 1, 2014.

Hausmann R., Hwang J., Rodrik D., What You Export Matters, NBER working paper, 2005, No. 11905.

Head, K., Ries, J., "Overseas Investment and Firm Export", *Review of International Economics*, Vol. 9, No. 1, 2001.

Helpman E., "Multinational Corporations and Trade Structure", *The Review of Economic Studies*, Vol. 52, No. 3, 1985.

Helpman, E., "The Factor Content of Foreign Trade", The Economic Journal, Vol. 94, No. 373, 1984.

Helpman, E., "Trade, FDI, and the Organization of Firms", *Journal of Economic Literature*, Vol. 44, No. 3, 2006.

Hymer S., The Theory of Transnational Corporations. London: Routledge for the United Nations, 1960.

Hopenhayn H. A., "Entry, Exit, and Firm Dynamics in Long Run Equilibrium", *Econometrica*, Vol. 60, No. 5, 1992.

Horstmann I. J., Markusen J. R., "Endogenous Market Structures in International Trade", *Journal of International Economics*, Vol. 32, No. 1, 1992.

Hummels D., Ishii J., Yi K., "The Nature and Growth of Vertical Specialization in World Trade", *Journal of International Economics*, Vol. 54, No. 1, 2001.

Ishii J., Yi K. M., The Growth of World Trade, USA: Federal Reserve Bank of New York Working paper, 1997, No. 9718.

Johnson, R., Noguera, G., "Accounting for Intermediates: Production Sharing and Trade in Value Added", *Journal of International Economics, Vol. 86, No. 2, 2012.

Jones, R. W., "Globalization and the fragmentation of production", *Seoul Journal of Economics*, Vol. 14, No. 1, 2001.

Juleff-Tranter L. E., "Advanced Producer Services: Just a Service to Manufacturing?", *The Service Industries Journal*, Vol. 16, No. 3, 1996.

Kazuhiko I., "Japan's Foreign Direct Investment in East Asia: Its Influence on Recipient Country and Japan's Trade Structure, 1994. Reserve bank of Australia Working Paper.

Kindleberger C., American business abroad, *The International Executive*, Vol. 11, No. 2, 1969.

Kogut, B., Chang, S. J., "Technological Capabilities and Japanese Foreign Direct Investment in the United States", *The Manchester School*, Vol. 73, No. 3, 1991.

Kojima, K., Direct Foreign Investment: a Japanese Model of Multinational Business Operations, London: Croom Helm, 1978.

Koopman R., Wang, Z., Wei, S. J., "Estimating Domestic Content in Exports When Processing Trade is Pervasive", *Journal of Development Economics*, Vol. 99, No. 1, 2012.

Koopman, R., Wang, Z., Wei, S. J., "Tracing Value-Added and Double Counting in Gross Exports", *The American Economic Review*, Vol. 104, No. 2, 2014.

Koopman, R., Wang, Z., Wei, S. J., "Estimating Domestic Content in Exports When Processing Trade is Pervasive", *Journal of Development Economics*, Vol. 99, No. 1, 2012.

Koopman, R., Wang, Z., Wei, S. J., "Give Credit to Where Credit is Due: Tracing Value Added in Global Production", NBER Working Paper No. 16426, 2010.

Koopman, R., Wang, Z., Wei, S. J., "Tracing Value-Added and Double Counting in Gross Exports", *American Economic Review*, Vol. 104,

No. 2, 2014.

Krugman P. R., "IntraindustrySpecialization and The Gains from Trade", *Journal of political Economy*, Vol. 89, No. 5, 1981.

Kumbhakar, S. C., Lovell, C. A. K., *Stochastic Frontier Analysis*, Cambridge University Press, 2000.

Lai, H., Zhu, S. C., "Technology, endowments, and the factor content of bilateral trade", *Journal of International Economics*, Vol. 71, No. 2, 2007.

Lall S., Weiss J., Zhang J., "The Sophistication of Exports: A New Trade Measure", *World Development*, Vol. 34, No. 2, 2006.

Leamer, Edward E., Levinsohn, J. A., "International Trade Theory: The Evidence", In Handbook of International Economics, Vol. 3, edited by Gene M. Grossman and Kenneth Rogoff, Amsterdam: Elsevier, 1995.

Lipsey, R. E., Weiss, M. Y., "Foreign Production and Exports in Manufacturing Industries", *The Review of Economics and Statistics*, Vol. 63, No. 4, 1981.

Markusen, J. R, Venables, A. J., "Multinational Firms and The New Trade Theory", *Journal of International Economics*, Vol. 46, No. 2, 1998.

Marshall, K. G., "The Factor Content of Chinese Trade", *The Journal of International Trade & Economic Development*, Vol. 20, No. 6, 2011.

Maskus, K. E., "A Test of The Heckscher-Ohlin-Vanek Theorem: The Leontief Commonplace", *Journal of International Economics*, Vol. 19, No. 3 −4, 1985.

McLaren, J., "Globalization" and "Vertical Structure", *The American Economic Review*, Vol. 90, No. 5, 2000.

Melitz, M. J., "The Impact of Trade On Intra-industry Reallocations and Aggregate Industry Productivity", *Econometrica*, Vol. 71, No. 6, 2003.

Mundell, R. A., "International Trade and Factor Mobility", *American Economic Review*, Vol. 47, No. 3, 1957.

Neven D., Siotisc G., "Foreign Direct Investment in The European Community: Some Policy Issues", *Oxford Review of Economic Policy*, Vol. 9, No. 2, 1993.

Neven D., Siotisc G., "Technology sourcing and FDI in the EC: An empirical evaluation", *International Journal of Industrial Organization*, Vol. 14, No. 5, 1996.

Nunn, N. and Trefler, D., "Incomplete Contracts and The Boundaries of The Multinational Firm", *Journal of Economic Behavior & Organization*, Vol. 94, No. 1, 2013.

Nunn, N. and Trefler, D., The Boundaries of The Multinational Firm: an Empirical Analysis, In E. Helpman, D. Marin and T. Verdier (eds), The Organization of Firms in a Global Economy, 2008. Cambridge, MA: Harvard University Press.

Posner, M. V., "International Trade and Technical Change", *Oxford Economic Papers*, Vol. 13, No. 3, 1961.

Potterie, B. V. P., Lichtenberg, F., "Does Foreign Direct Investment Transfer Technology Across Borders?", *Review of Economics and Statistics*, Vol. 83, No. 3, 2001.

Pradhan, J. P., Singh, N., "Outward FDI and Knowledge Flows: A Study of The Indian Automotive Sector", *Institutions and Economies*, Vol. 1, No. 1, 2009.

Rabbiosi, L., "Subsidiary Roles and Reverse Knowledge Transfer: an Investigation of The Effects of Coordination Mechanisms", *Journal of International Management*, Vol. 17, No. 2, 2011.

Rodrik, D., "What's So Special about China's Exports?", *China and World Economy*, Vol. 14, No. 5, 2006.

Sanyal, K. K., "Vertical Specialization in a Ricardian Model with a Continuum of Stages of Production", *Economica*, Vol. 50, No. 2, 1983.

Staiger, R., Deardorff, A., Stern, R., "The Effects of Protection on the Factor Content of Japanese and American Foreign Trade", *The Review of Economics and Statistics*, Vol. 70, No. 3, 1988.

Staiger, R. W. A., "Specification Test of The Heckscher-Ohlin Theory", *Journal of International Economics*, Vol. 25, No. 1 −2, 1988.

Stehrer, R., Foster, N., de Vries, G., "Value Added and Factors in Trade: A Comprehensive Approach", *Dynamics*, Vol. 67, No. 40, 2010.

Swenson, D. L., "Foreign Investment and The Mediation of Trade Flows", *Review of International Economics*, Vol. 12, No. 4, 2004.

Taylor, K., Driffield, N., "Wage Inequality and The Role of Multinationals: Evidence from UK Panel Data", *Labour Economics*, Vol. 12, No. 2, 2005.

Te Velde, D., Morrissey, O., "Foreign Direct Investment, Skills and Wage Inequality in East Asia", *Journal of the Asia Pacific Economy*, Vol. 9, No. 3, 2004.

Timmer M. P., Erumban A. A., Los B., Stehrer R., de Vries G. J., "Slicing Up Global Value Chains, *Journal of Economic Perspectives*, Vol. 28, No. 2, 2014.

Trefler, D., Zhu, S. C., "Beyond the algebra of explanation: HOV for the technology age", *The American Economic Review*, Vol. 90, No. 2, 2000.

Trefler, D., Zhu, S. C., "The Structure of Factor Content Predictions", *Journal of International Economics*, Vol. 82, No. 2, 2010.

UNCTAD, World Investment Report: FDI Policies for Development: National and International Perspectives. New York: United Nations, 2003.

UNCTAD, World Investment Report Overview-Global Value Chains: Investment and Trade for Development. New York: United Nations, 2013.

Upward, R., Wang, Z., Zheng, J., "Weighing China's export basket:

The domestic content and technology intensity of Chinese exports", *Journal of Comparative Economics*, Vol. 41, No. 2, 2013.

Vanek, J., "The Factor Proportions Theory: The N-Factor Case", *Kyklos*, Vol. 21, No. 4, 1968.

Vernon, R., "International Investment and International Trade in The Product Cycle", *The Quarterly Journal of Economics*, Vol. 80, No. 2, 1966.

Wells, L., Third World Multinationals: The Rise of Foreign Investments from Developing Countries, Cambridge MA: MIT Press, 1983.

Wu, X., "Foreign Direct Investment, Intellectual Property Rights, and Wage Inequality in China", *China Economic Review*, Vol. 11, No. 4, 2002.

Xu, B., Lu, J., "Foreign Direct Investment, Processing Trade, and the Sophistication of China's Exports", *China Economic Review*, Vol. 20, No. 3, 2009.

Yamawaki, H., "Location Decisions of Japanese Multinational Firms in European Manufacturing Industries, In Hughes, K. (ed.), European Competitiveness, Cambridge: Cambridge University Press, 1993.

Yeaple, S. R., "Offshoring, foreign direct investment, and the structure of US trade", *Journal of the European Economic Association*, Vol. 4, No. 2 – 3, 2006.

索　引

B

边际产业转移理论　11，18，24，26，27，32

C

产品内贸易理论　18，28，30，32
产品生命周期理论　11，24，25
产业"离高端化"　100
产业间贸易理论　18，28，29
产业内贸易理论　18，28，29
出口贸易结构转型升级　92
出口引力模型　69，129
出口增加值　1，2，4-9，11，13，15-22，32，34-35，48-54，58，61-84，87，89-92，98，100-102，104，105，108，109，112，113，115，120，121，123，148，149，152-154
出口增加值高技术劳动成本　104，105
出口增加值高技术劳动占比　15，53，54，61，102，108，112，113，115，120，121，149
出口增加值行业结构　4，6，15，17，19，22，50，51，91，150
出口增加值技术含量　14-15，1-9，23，55-58，62，122-136，138，140，141，143，144，145，147，149
出口增加值技术含量三元边际　57-58，62，123，130，131，133，136
出口增加值技术含量的集约边际　15，58，123，131
出口增加值技术含量的结构边际　131
出口增加值技术含量的规模边际　132
出口增加值劳动结构　3，5，14-16，18，19，22-24，52-55，61，62，93，94，97，99，100-104，108，113，115，120，149，151，152

索　引

垂直 OFDI　3－5，9，10，16，17，19，24－27，35，36，46，47，62，64－69，72－78，81－84，87－91，148，150，151

垂直专业化　6，9－11，21，24，27，28，31，33，63，138，154

D

低端价值链转移效应　113，149

低技术行业　51，52，81，83－85，87，89，91，150

对外直接投资　3，4，9－11，13，18－21，23－28，32，35－41，43－46，60－62，64，69，129－130，150－151，153

F

F－H 模型　93，94

非技术劳动密集环节　34，93

国家制造业 OFDI 资本存量　72

G

高端价值链转移效应　101，113

高端生产性服务业　51，52，61，68，69，81－83，91，148，151

高端生产性服务业"空心化"　69

国际生产折中理论　24，26

H

Heckscher-Ohlin-Vanek 模型　93

J

技术劳动密集环节　34

技术寻求型 OFDI　128，144，145，147，149，153

L

垄断优势论　18，24，25

M

贸易的要素含量　29，92

N

内部化理论　9，24－26

逆分工梯度 OFDI　5，14－20，24，93，94，100，101，105，110，112，113，119，120，149，151，152

O

OFDI 的逆向技术溢出效应　109，112，113，115，152

OFDI 对出口增加值的互补效应　78

OFDI 对出口增加值的替代效应　66，78

S

生产性服务业　22，50－52，61，62，64，67－70，79－84，86－

89，91，148，150，151
世界投入产出表 7，13，22，63，124
市场寻求型 OFDI 128，142，143，147，149，153
水平 OFDI 3，4，10，13，15，17，19，20，24，35，36，46，47，62，64-68，74-77，79，80，84，86-91，128，148，150，151
顺分工梯度 OFDI 5，18，24，93，94，100，101，105，110，112，113，115，121，149，152

X

系统 GMM 17，19，108，133-135，146，147，149
相对分工梯度 105

Z

中等技术劳动"空心化" 113
中低技术行业 51，52，83-85，87，91
中高技术行业 51，52，83，84，91
增加值结构优化 67，70，80，83，86-88，150
资源寻求型 OFDI 3，140，141，147，149，153